高校学生事务管理理论与实践探究

王文婷 著

中国纺织出版社

内 容 提 要

本书主要针对高校学生事务管理的理论与相关实践进行探究，分别从高校学生事务管理的历史发展、理论基础、我国特有的学生事务管理模式、高校管理阶层队伍的建设、高校学生宿舍、学生资助等实践管理以及如何实现高等院校学生法制化管理等方面展开。

图书在版编目（CIP）数据

高校学生事务管理理论与实践探究 / 王文婷著 .
—北京 : 中国纺织出版社，2018.2（2025.5重印）
ISBN 978-7-5180-2717-0

Ⅰ. ①高… Ⅱ. ①王… Ⅲ. ①高等学校—学生工作—研究 Ⅳ. ① G645.5

中国版本图书馆 CIP 数据核字（2016）第 129544 号

责任编辑：武洋洋　　　　责任印制：储志伟

中国纺织出版社出版发行
地址：北京市朝阳区百子湾东里 A407 号楼　邮政编码：100124
销售电话：010-67004422　传真：010-87155801
http：//www.c-texti1ep.com
E-mai1：faxing@e-texti1ep.com
中国纺织出版社天猫旗舰店
官方微博　http：//www.weibo.com/2119887771
河北晔盛亚印刷有限公司印刷　　各地新华书店经销
2018年2月第1版　　2025年5月第10次印刷
开本：710 × 1000　1/16　印张：11.125
字数：230 千字　定价：78.00 元

前言

随着各国高等教育的发展，高校学生事务管理对世界范围内的高等教育都逐渐产生了非常深远的影响，各国在自身发展的过程中也都不断完善，逐渐形成了自己独特的高校学生事务管理模式。

对于我国来说，开展高校学生管理事务工作需要进一步加强对学生的思想政治教育，虚心学习、积极探索、大胆创新，将其为我所用。作者在多年高校学生管理实践经验的基础上，撰写了《高校学生事务管理理论与实践探究》一书，一方面是对现在国内的高校学生事务管理工作现状进行剖析，另一方面也是为了能够在今后的工作中更加得心应手。

从整体上来看，本书以章节进行划分，共分为七章。第一章是对高校学生事务管理的阐述，包括高校学生事务管理的概念与内容以及我国高校学生事务管理的产生与发展；第二章为高校学生事务管理的理论基础，系统地对高校学生事务管理的理论基础进行了分析；第三章是对高校学生管理工作流程的剖析，对学生事务管理的工作流程根据不同的管理内容依次进行分析；第四章在对高校学生事务的管理模式与管理方法进行分析的同时对我国高校学生事务管理方法的发展趋势进行探讨；第五章详细阐述了高等学校在学生教育管理中的权利与义务；第六章对高校学生事务管理中的主题进行详细分析，并对高校学生事务管理中辅导员的重要性进行了详解；第七章作为本书的最后一章，主要针对民办高校学生管理的法制化进行探究，主要包括民办高校学生管理法制化的内在要求、依据与法制化实现的途径等内容。

本书在撰写过程中，借鉴了大量文献资料，但由于时间仓促，加上精力有限，书中难免存在疏漏与不足之处，希望专家学者、同仁与广大读者批评指正，以使本书更加完善。

作者

2017年10月

目　录

第一章　高校学生事务管理概述

高校学生事务管理并不是中国土生土长的名词，而是从美国流传到中国的，随着高等教育事业的发展，高校事务管理对高校本身的发展产生了深远的影响。

第一节　高校学生事务管理的概念

一、学生事务管理的演变

高校学生事务管理来源已久，在对其定义进行分析之前，首先我们要做的就是对其相关的概念进行理解，其目的就是能够让我们更好地理解学生事务管理的内涵。

（一）学生管理与思想政治教育

从某种程度上来说，学生管理总是与我们所说的思想政治教育有着一些联系。下面我们就从另一个角度来对学生管理进行分析。

作为教师首先要清楚，对学生进行思想政治教育的目的是为了政治目标，所要解决的是有关学生的思想与道德方面的教育问题。上学时，最让人记忆深刻的就是德育处工作的老师，他们时常密切关注学生的一举一动，只要学生有违反关于“德育”方面的行为，他们就会立即对学生进行教育，只要是违反了相关规定的学生也都会被老师教导，从而保证以后不会再犯同样的错误，保证良好的学习氛围。

（二）事务管理与学生工作

20 世纪 90 年代建立在中国特殊国情的基础上的学生事务管理的具体内容发生了相应的变化，一些与学生管理相关的管理都随之而产生，具体来说有关于贫困学生的、有关于学生就业方面的，当然还有关于学生家庭困难予以资助的。

其实，严格意义上来说，这一时期的学生管理并不是我们现在所说的只是单纯的对学生的管理，这其中还包括这对学生的教育这一层面的含义。最开始人们普遍认为所谓的学生管理其实就是管理学生，按照现在来看的话，这种想法很显然是不全面的，对于学生的管理，我们不仅仅是要管理学生，最重要的是要对学生的一些相关事务来进行管理。

随着时代的发展，教育越来越受到社会的关注，这就使得学校对于学生管理的任务增加了，主要体现在两个方面，第一是人们迫切需要学校加强对学生的管理来提高学生的成绩，第二，社会责任的存在让学校不得不加强对于学生的管理，以保证学生在学校得到良好的教育，与此同时我们可以看到的是，学生管理的内容更进一步得到了充实，涉及学生的方方面面，都被列入了学生管理的范围内。

我们必须要清楚的是，学生管理工作内容的各个方面并不是独立存在的，这样说可能显得不严格，或者换句话来说，学生管理工作内容的各个方面之间都存在紧密的联系，他们之间不能分割，也不能人为地将其分割开来，如果相背而驰，其结果一定会影响到我们在实际工作中的效果，甚至影响教育事业的发展。

我们从另一个角度来对学生工作的内容来进行细致的划分，可以发现，学生管理工作的内容是非常丰富的，具体内容如图 1–1–1 所示。

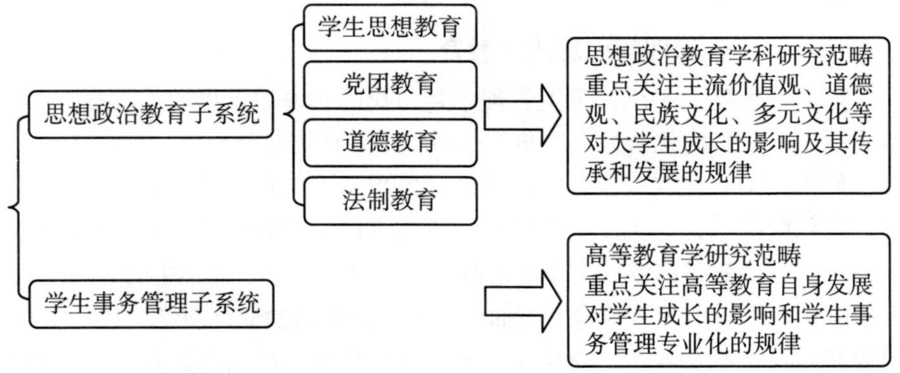

图 1–1–1　学生工作内容

二、学生事务管理新概念

在借鉴中外学者研究的基础上，结合我国高等教育管理的实际情况，对学生事务与学生事务管理做了详细具体的定义。

（一）学生事务定义

高校学生事务是指高校为维持大学生正常的学习、生活秩序，促进其全面发展，实现高等教育培养目标，在教学过程之外所必须提供的具体事务，一般可分为管理性学生事务和指导与服务性学生事务。管理性学生事务主要涉及招生与学籍管理、日常行为管理、社团及课外活动管理、奖惩管理、资助管理、宿舍管理、就业管理等；指导与服务性学生事务涉及学生干部培训、活动辅导、心理咨询、学务指导、就业指导、各类信息服务等。该定义包含以下几个方面的含义。

（1）高校学生事务从其内容来看，是相对教学内容来讲的；从涉及的时间来看，主要发生在课外活动的时间里；从空间来看，主要发生在教室之外的校园环境里。

（2）管理性事务强调的是按照规章制度面向全体学生进行规范化的工作。指导与服务性事务是按照一定的理论、技能支撑和规范的流程对学生进行个性化的工作，是学生主动选择的具体事务。两者的分类是相对的，如学生事务管理者对心理障碍较严重的学生就要及时给予主动干预。

（3）高校学生事务是以满足学生发展需要和适应人才培养规律为前提的。不是所有的学生需要都会成为学生事务存在的基础，只有存在一定的学生需要且具有一定的社会保障条件才会成为高校所提供的学生事务。

（二）学生事务管理定义

高校学生事务管理是指高校的专门组织和学生事务管理者依据国家的法律、政策和人才培养目标，在一定的学生事务管理价值观指导下，运用相关专业知识和技能，配置合理的资源，提供促进学生发展所必需的学生事务组织活动过程。从这个定义看，其主要内涵有以下几个方面。

（1）专业知识和技能是从事高校学生事务管理的基础条件。专业性和职业性是高校学生事务管理发展的内在要求。

（2）高校学生既是学生事务管理的出发点，也是学生事务管理的归宿。因此，促进学生发展是学生事务管理的核心价值和共同使命。

（3）高校学生事务管理的主体包括专门组织（学生工作处、校团委、院系学生工作组等）和学生事务管理者。从纵向看，学校专门组织分为校院两级机构，学生事务管理者可分为高层（校领导）、中层和基层人员（如辅导员、相关科室人员）；从横向看，专门组织可按职能进行设置（如就业办、招生办、资助管理科、学籍管理科、宿舍管理办公室等），学生事务管理者可分为专职人员、兼职人员、或由管理者授权、聘任的参与管理的学生及其他人员。

（4）组织活动过程主要是指主体按照各自的管理职能，运用一定管理方法和资源所进行的实际活动。其过程一般是由计划、领导、实施、评估等环节构成的封闭系统。只有如此，管理效率和质量才会大大提高。

（5）高校学生事务管理的客体指主体施加影响的人和事，既指学生又指与之相关的学生事务。

第二节　高校学生事务管理的内容

一、事务管理自身的管理

高校学生事务管理的组织自身管理主要包括以下几个方面的内容。

（一）组织结构设计

在教学的过程中，教师是否能有效地完成学生事务管理的使命，关系着学生管理工作的成功与失败，因此，在这样的前提下，高校相关的领导以为工作人员有必要设计和维持一种合理的组织结构，就是要把学生事务管理进行分类组合，划分若干部门，并根据管理幅度控制原理，划分相应的管理层次，进行合理的授权，明确组织中的各种关系，有了明确的分工以后，我们才能在实际工作中更有效的面对所遇到的问题。一旦学生事务管理所处的内外环境发生变化或管理目标难以实行，高校的相关管理人员就要通过一系列的措施对这种已经形成的组织进行调整，并且，在这样分工明细的组织下，找到对应的管理人员，明确我们的权责，还要对其工作关系进行评估和重新调整，以保证学生事务管理使命、工作任务的实现。

（二）队伍建设

美国高校在 20 世纪中期就完成了学生事务管理专业化进程，从时间上相比较来看，比我国开始进行学生管理的时间早了半个世纪，美国高校对不同岗位的管理人员的聘任和晋升都有明确的要求，一些专业协会和高校的某些相关专业还为从事这项工作的人提供职业培训。在他们的学校中，每一个地区的学校中都开设有关学生管理的专业，其目的就是为学生管理方面培养相关的人才，以便学生管理事业能够更好地发展。就目前我国的发展情况来看，也是正在朝着专业化、职业化方向发展。学生事务管理者必须对学生状况分析、学生学习生活管理、学生活动和环境评价、经费控制及技术使用等技能都能了如指掌。

在队伍的建设方面，高校需要做的就是根据学生事务工作人员具体负责的事宜对其进行分类，并建立相应的职责准则，其实就是相当于给学生建立的纪律约束是一样的道理，其目的就是为了能够更好地对学生进行管理，同时达到使管理人员进步的目的。

（三）制度建设

对于任何团体、企事业单位或者是私营单位来说，其内部都有相应的制度作为整体运用的准则，这首先是作为一项基本保障，保障人员的工作以及人身安全，其次也是约束人员工作的一项基本措施。制度体现在我国学生管理事务中是最明显的一个特点，但前提是要对国家的教育方针及相关的法律法规进行详细地解读，在此基础之上建立学校的管理制度，不能逾越国家制度的界限。其制度体系主要包括组织设计标准、管理职责、各岗位工作标准、工作程序、工作评估标准与程序、反馈制度。高校在学生事务管理制度体系的运行过程中，应注意管理制度的实施、监督检查和持续改进等环节，从而保持制度体系的有效性。

这些学生事务管理制度一般要通过一定的制定程序以规定、条例、手册、制度等形式公开发布。

工作评价主要是围绕各组织和管理者的职责、工作计划、专项任务进行考核，可分为年度工作评价、专项工作评价，也可分为机构评价、个人评价，其目的是检查学生事务管理的绩效和学生的满意度，以改进今后的工作，进一步有效利用资源，促进学生发展。

（四）信息化管理

现代科技的发展已经超出了人们的想象，人们生活在信息化时代，对于企业来讲，如果没有精确的数据，没有相关的工作人员对其进行处理，我们可以想象得到，企业的信息化传递是不可能实现的。对学生事务管理来讲也是一样的，信息化管理是信息系统以数据为中心，而不是事务处理过程。数据是稳定的，而事务处理是多变的。

第一，学生事务信息化管理要建立面向社会、学生公开发布与查询的信息系统，包括学生事务的公告、通知、新闻等诸多方面的信息，学生工作制度，师生信息交流平台，学生基本信息查，学生综合测评查询，学生奖惩信息查询，毕业生就业管理平台（应包括毕业生、招聘、用人单位等信息的发布与查询）等。

第二，相关的领导以及工作人员要建立起学生事务管理人员、学校其他职能部门发布的一个内部信息管理系统，其具体的内容应该包括学生工作办公自动化系统（应满足公文收发、流转、签发、归档等办公需求）、学生奖惩处罚信息维护、毕业生就业信息维护、学生工作考核与评价体系信息维护等。

（五）经费管理

充裕的经费是开展学生事务管理的保障条件之一。国外高校尤其是美国已建立起面向市场的多样化的学生事务管理经费的筹措机制。目前，我国高校学生事务管理的资源主要来自高校的拨款。

相对于学生的发展需要来讲，筹措更多的经费仍是学生事务管理部门必须重视的问题。为此，我国高校应借鉴外国高校多渠道筹资的方法，引入社会资金（如社会捐赠、校友赞助、企业资金等）增加资金总量；另外，对现有的经费分配使用进行科学化、规范化管理，避免随意性，力求达到合理有效的利用。

二、管理的具体内容

学生事务管理的具体内容主要包括以下几方面的内容。

（一）招生管理

我们先来做一个设想：一个学校，在一切准备就绪（这里我们所说的准备就绪所指的是授课教师、管理人员、硬件设备等基础条件）的前提下，首先最需要做的就是招生，因为只有招收到学生，我们才能开始实施对学生的管理工作，才有后续的一些内容。

至于招生的具体细节，从最开始筛选可以入学的学生，调查并记录入学学生的基本情况、对准备入学的学生进行注册学籍等一系列工作，实际上我们的招生老师在招生的过程中所扮演的是“推销员”的角色，其目的就是走出去为学校积极地争取生源。在一些地区的学校，为了能够更好更快地招收到更多的学生，还特意为招生教师教授市场营销课程，这其中还包括对学校的宣传等工作。

（二）日常行为与奖惩管理

我们通过对各国高校的管理情况来看可以发现一个共同的特点，那就是每所高校都将学生的日常行为管理放在了学生管理事务的范畴中。不管是什么样的学校，每个班级中总是会出现一些调皮的学生，在上课的时候给老师捣乱，不认真听课，导致课堂秩序混乱等，对于这样的学生学校通常情况下首先会对其警告，如果再有类似的情况发生会找学生谈话，但是当所有的措施都起不到相应的效果的时候，学校就会联系学生的家长，与家长做相应的沟通，情节过于严重的可能会勒令其退学，以免对班上的其他同学造成更大的影响。

学生在违反了相应的纪律以后在对其进行处理的过程中，学校需要遵循一定的程序。具体如图 1-2-1 所示。

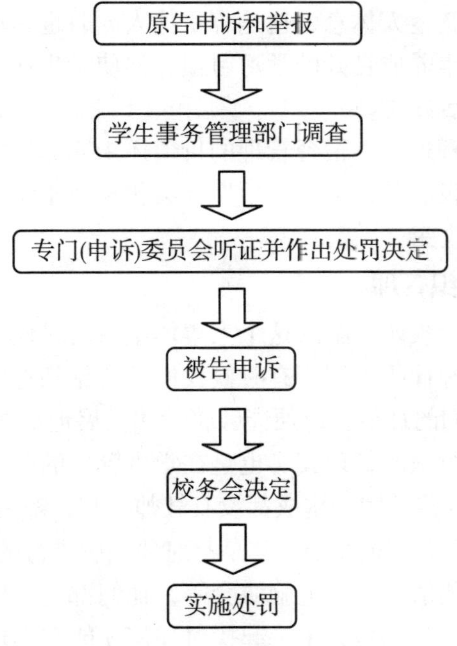

图 1-2-1　处罚学生程序

（三）入学辅导

学生在刚刚进入校园之后，由于是一个全新的环境，与之前所在学校的各个方面都有着很大的差别，另外，有一些学生选择的是外地的学校，如果是南方的学生选择来北京的学校学习，首先第一点不适应的就是当地的气候，南北方的差异比较大，南方的学生会受不了北方的寒冷干燥的天气，北方的学生去南方的学校也是同样的道理，这就需要教师给予学生一定的关怀。另外，由于与之前在学校中的学习环境的不同，新的阶段开始学生并不清楚自己要去怎么学习，教师的任务就是帮助学生对这一转变进行调节，使学生尽快适应现在的学习和生活环境。

（四）宿舍管理

一说到宿舍我们并不陌生，宿舍是每个学生在学习了一天之后晚上休息的地方，在这个地方学生们无话不谈，有时候可能说到在上课的过程中一些好玩的事；也可能说到上课时学习的内容没有听明白，请其他的同学帮忙讲解，以便第二天的课程能够顺利进行；也可能会谈论到某位教师，上课时的举动或者是让学生难以忘记的某些话语。我们需要明确的是，宿舍是特定这部分学生的一个公共场所，在这个场所中我们不能只顾自己的感受，忽略其他人的存在，在别人准备休息的时候我们就要将自己的音量放低，为了不打扰其他人休息，这是尊重他人同时也是尊重自己。教师的职责就是要培养学生养成良好的学习习惯，促使学生在这个环境中不断成长，养成良好的生活方式。

在我国的高校管理中，宿舍管理的价值还未充分挖掘，这也许与我国高校重视班集体建设有关，但随着后期社会化和教学学分制的推行，这一状况今后会有显著改变。

（五）学生组织管理

当我们刚刚进入校园、融入这个大集体生活的时候，首先映入我们眼帘的就是学校的各种社团组织，有时候我们还会见到这些社团跑到学生宿舍去宣传，寻找他们的社员，以便能够将社团发展地更加壮大。

对于这些社团组织的管理其实也是在学生管理的范畴中，为什么这么说呢，一般来说，这些社团的构成都没有教师参与，都是学生自发组织的，他们这些人都有一个共同的特点，就是都对他们所进行的这件事非常热爱，比如说篮球协会、英语协会、电脑协会等，他们都对篮球、英语等有着同样的热情，聚集在一起就是为了一起探讨如何才能在学校这个自由的空间内发挥他们最大的作用。

学校所能做的就是尽学校最大的可能为这些社团组织提供相应的场地，有条件的情况下，可以请专业的教师对其进行指导，不让其盲目走弯路，在学校得到更好的发展。

（六）学生就业指导

学生在经过了几年的学习之后就会离开学校，正如一句话所说“铁打的营盘流水的兵”，学校里的学生就像是部队的兵一样，每年都会招收来不同地区的“兵”，但是“部队”还是“部队”，永远都不会变，“兵”却在每年都发生变化，学校就相当于是部队这个营盘，一直存在在那里，等待新的学生到来。

学生临毕业之际，学校的管理人员所要做的就是对学生的就业前景、就业方向进行分析，当前最繁荣的行业，在经过几年之后可能发展成什么样，现在的冷门行业再过几年之后会不会发展得比现在的热门还要繁荣，这就要求教师对现在的市场行情有一定的了解、分析，帮助学生就业，对学生进行相应的指导。

（七）学生资助管理

就目前我国高校的教育来看，其在学校中学习时的花费相对来说还是比较高的，但是在我国的一些较为偏远的地区，一些学生走出山区之后来到城市，在学校中的花费让他们在经济上很困难，虽然是这样，但是高校中已经有相应的一些措施来保障学生学业的完成不受经济条件的制约，那就是对学生经济上的资助，由于这与学生密切相关，因此有关学生资助方面的内容也被划分到学生管理事务中来。

对学生的资助主要表现在三个方面，具体如图 1–1–2 所示。

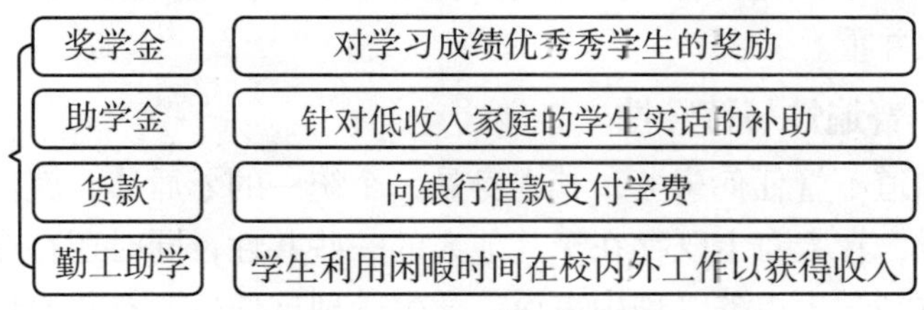

图 1–1–2　学生资助内容

以上就是我们现在高校中所设立的对学生资助方面的一些措施，除了奖学金是学生的成绩决定的，其他的三项都与学生在学校中的成绩没有直接联系，学生可以根据自己的实际情况来申请。当然，除了上述我们所说的之外，对于学生事务的管理来说，其内容还有很多，并且随着社会的发展，一些大学为了适应学生的需要，不断增加新的学生事务项目，如美国一些高校增加了诸如对艾滋病患者的管理，解决性骚扰、性暴力问题，以及种族、性别歧视等新的管理内容。

三、教学事务管理的特点

高等学校学生事务管理的特点主要表现在以下三个方面。

（一）科学性与艺术性

对学生的相关事务进行管理作为管理人员的我们要懂得一定的科学

性，实际上也就是要懂得把握学生的特点，明确科学的指导思想，在具体的组织活动过程中，制订科学的管理制度和工作计划，对学生实施正确、有效的教育、管理和服务，促进学生全面发展。

学生事务管理的客体既是具体事务也包括学生，但最终要通过学生的发展体现管理的价值。大学生作为学生事务管理活动中最活跃、最重要的因素，宏观的科学管理不能解决全部问题，尤其在面对学生个性的差异、管理结果不可预知或难以量化时，必须结合管理的艺术性。学生事务管理的艺术性是指将人的情感、友谊、自尊等非理性需要纳入学生事务管理思维中，并具有应对非常规、突发事件的随机应变的处理能力和面对不同特质学生的灵活发挥的管理艺术。

科学性是学生事务管理必不可少的基础。它注重客观数据、分析结论、程序化、规范、理性体验、同一性。科学性强调在学生事务管理过程中行为的严谨性、系统性和完整性，如同人的骨架和躯干的作用带来平衡和稳定。艺术性是一种思维的升华，如同流动的思想、神韵和血液带来活跃与发展，是一种个性化的管理。因此，在学生事务管理实践中，应注重科学性与艺术性并重。

（二）普遍性与特殊性

我们知道不管任何事务，其本身是一个统一的矛盾体，就像是一个个体的人一样，在人身上既存在于其他人的一些共性，同时还存在自身的特性特征。放到学生事务管理中来说，学生管理这件事既有普遍性特征同时还存在一些特殊性。

1. 服务意识

学生在入学之后首先要做的就是熟悉学校的环境，这里我们所说的环境的因素有很多，主要包括两个方面，一个是自然环境，另一个是人为环境。自然环境不用多说我们都知道，就是学校的分布状况，学生每天都要去上课，上课的地点具体所在位置，学生首先要明确，不能临近上课还在匆忙寻找教室的位置。

上文中我们所说的人为环境就是指学生对老师与其他同学之间的熟悉，这时教师需要做的就是帮助学生熟悉身边的环境，帮助他们在学习生活中进行选择。要时刻有一种服务于学生的精神去帮助学生，这样学生才能在一个良好的环境中快速成长。

2. 多样的工作职责

中外高校中，对于学生事务管理来说他们都有着相同的工作职责，通过我们对学生事务管理工作的进一步了解我们可以发现，不同高校中所具有的相同的管理工作职责基本上包括这方面的内容，分别是教育、管理、服务。

首先我们来看教育方面所包含的内容，主要是针对学生日常的一些情况的把握，当然这其中也包括对学生日常行为的一些约束；其次是管理方面，这主要是体现对学生管理有关政策、制度的执行及执行程序的公正、公开；最后是服务方面，这一方面主要体现的是对学生的主动干预和对需要帮助的学生提供支持。

3. 学生的主体地位

我们应该都听说过一句话，其原话记忆不是很深刻，但是其基本的意思就是学校的教育中，教师居于主导地位，教育的主体是学生，从这句话中我们就能够看出，在学校中，学生是我们一切工作的中心，学生在学校的发展是学校管理人员的基本出发点。

从另一方面来说，各国的教育发展都有其本身的特殊性，加之国情的需要、历史文化背景的不同以及各国之间社会环境的差异所导致的在管理方面的理念有所不同，这就是我们所说的特殊性。抛开这一点不说，即便是在同一个国家的不同地区，由于学校的发展状况的不同，在学生管理方面也会有着明显的差异，我们对学生管理差异的表现做了相应的总结，其特殊性主要表现在以下几个方面，

（1）强调中国共产党对高校学生工作的领导，实施党政合一的两级管理模式。党委是高校学生工作的领导核心。高校建立和完善党委统一领导、党政齐抓共管、专兼职队伍相结合、全校紧密配合、学生自我教育的领导体制和工作机制。

（2）采用主动干预式的学生事务管理方式。西方国家的学生事务管理主要是“窗口服务式”，在学生需要的前提下，为找上门来的学生提供服务，学院很少有学生事务管理专职人员。我国高校在院系基层设有学生工作副书记和专职辅导员，他们在日常生活中直接与学生建立密切联系，主动介入学生学习与生活，开展各种教育管理工作。

（3）重视班集体的建设和管理。班级是中国高校最基本的学生组织。从入学到毕业，每一位学生都有与自己发展紧密联系的班集体。这与西方高校学生以社团或宿舍为基本组织有显著的区别。班级组织是学校教育、管理和服务的基本组织细胞，也是学生事务管理的主要载体之一，它一般设有班委会和团支部两个组织。我国高校对所有的大学生提供住宿，这是不同于西方高校学生事务管理的一个特点。在高等教育大众化进程和发展

学生个性的教育目标中，学生社团组织日益显示重要作用，但班级组织仍是学生事务管理者必须重视的学生组织，其教育和管理价值仍是难以估量的。

（三）教育与管理双重属性

在从事指导性和管理性的学生事务时，学生事务管理实际上是帮助学生探索和澄清价值理念，正确处理好个人与集体的关系，约束自己的行为，明确职业发展目标。即使是处罚违纪的学生，也应以教育学生为出发点。而大量服务性事务管理也是根据学生需要和不同的成长阶段要求，为学生提供专业的服务及设施，以帮助学生成长。因此，在高校学生事务管理的过程中，传承、发展了大学文化，从而对学生起到了潜移默化的教育作用，实现了教育属性与管理属性的融合。

正是基于这一特点，高校学生事务管理者并不是一个单纯的身份，他们在学校中所扮演的不仅仅是一位领导者，同时还是一位管理者，更重要是他们同时还是一位教育者。从这一点上来说就要求学生事务管理者按照大学的人才培养目标，不懈地从事促进学生发展的工作；作为领导者的角色，学生事务管理者必须把具体事务的要求与配置和分配合理的人力、设施、经费等协调起来，以促成学生事务管理使命的实现；作为管理者的角色，他们必须合理地运用人力资源、物质资源和管理方法，从而确保其他相关工作任务的顺利实施。

第三节　我国高校学生事务管理的产生与发展

一、1978 年—20 世纪 80 年代中期

十一届三中全会以后，在我国领导人一步步的精心栽培下，我国的文化事业得以重建，在我国特殊国情的基础上建立了一套符合中国社会国情的发展道路，最开始我们主张的是“学生政治思想工作”，从这几个词语的顺序上来看我们就可以发现，之前工作的重心在思想工作上，而在这之后，中央领导提倡将学生教育的主张改为“学生思想政治工作”，如果我们分别将前后四个字分开来理解的话，“学生思想”主要解决的是学校

的学生在思想方面的问题，而后面的政治工作，很明显是建立在学生思想的基础之上，换句话来说，这一时期的政治工作的内容就是学生的思想工作。

1978 年是我国改革开放的时代，这一伟大的举措使得外界各种先进的技术以及先进的思想进入我国，这从某种程度上来说，丰富了我国学生的思想，也正是由于这样的原因，才使得我国对于学生的管理比之前更加严格，其严格主要表现在我国出台的一些相关的政策文件上，这些文件的出台对当时的管理起到了非常重要的作用。

与“文革”前的管理相比较来说，这一时期的管理与之前相类似，但是在一些关键的点上有所不同，主要表现在以下几个方面。

（1）管理机构

这一时期对于学生的管理机构并没有独立，而使建立在学生人事处的基础上来实现在学生的管理工作，这从某种程度上来说，有其一定的局限性，不利于对学生的管理。

（2）统招统分政策

学生在学校中有一定的生活上的补助，这段时期的学生工作内容较为单一，主要是党团教育活动、班集体活动、文体活动，并以严格管理学生为原则。

（3）重新确立德育地位

在之前的管理中，一直都是由政治统帅教育，政治目的是我们做任何事都需要遵循的最根本的目的，改革开放以后，我国便开始逐渐将政治的绝对地位与德育的比重发生了一些变化，德育开始变得重要，这也使得我国从这时候起开始了一种新的学生工作管理模式。

（4）辅导员制度

与现在的辅导员的任职比较起来，在当时的那个年代，对于辅导员没有特殊的要求，有的是在当年的毕业生中选拔的优秀毕业生担任辅导员的工作，有的是从其他的岗位上调派过来的。

二、20 世纪 80 年代末—20 世纪 90 年代

1985 年，中共中央颁布的《关于教育体制改革的决定》（简称《决定》）总结了中国教育发展正反两方面的经验，特别是中国共产党十一届三中全会以来教育改革方面的经验，指出了中国教育体制改革的战略目标，

确定了教育体制改革的根本目的和指导方针。《决定》要求改革高等学校的招生计划和毕业生分配制度，扩大高等学校办学自主权。即改变高等学校全部按同家计划统一招生、同家统一分配毕业生的办法，实行在国家计划指导下，由本人选报志愿、学校推荐、用人单位择优录用的制度。此后，按照《决定》指明的方向，各高校循序渐进地开始进行毕业生分配制度的改革。

1992年10月,党的十四大提出了要加快改革开放和现代化建设的步伐，建立社会主义市场经济体制的重大决策。1993年，中共中央、国务院发布了《中国教育改革和发展纲要》，明确了20世纪90年代到21世纪初我国教育发展的目标、战略、指导方针和许多重大政策措施，提出高校毕业生就业改革的目标是逐步把由国家统一安排高校毕业生就业的制度，过渡到“在国家就业方针、政策指导下，逐步实行毕业生自主择业，用人单位择优录用的双向选择”的就业制度。1994年，国家教委发出《关于进一步改革普通高等学校招生和毕业生就业制度的试点意见》提出，逐步建立起“学生上学自己缴纳部分培养费用、毕业后多数人自主择业”的机制。从此，中国高等教育也按照适应社会主义市场经济体制的要求，开始了高等教育新一轮的改革。

这些改革的措施包含了学校中的各个方面，我们对其进行了相应的总结，主要有以下几个方面内容，具体如图1-1-3所示。

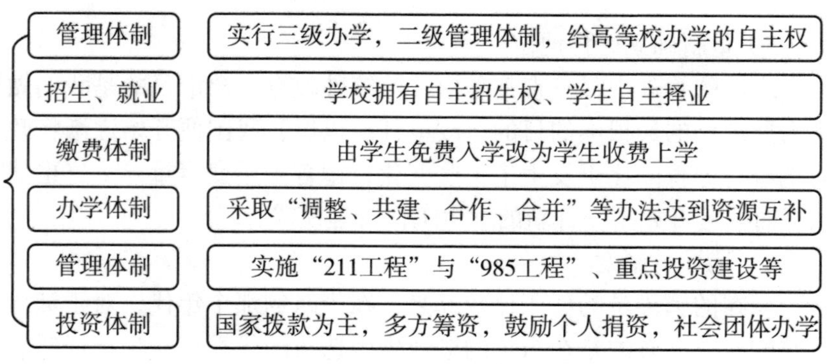

图1-1-3　改革措施

紧接着国家又颁布了一些与高等教育相关的法律条例，在这样的背景下高校学生工作发生了许多深刻的变化，并呈现出一些新的特点，主要表现在以下几个方面。

（1）管理范围

对于其工作内容的范围来说，与之前相比较丰富了很多，最初我们只是停留在学生管理的表面阶段，发展到这一时期，学生工作的内容已经涉及学生的工作，这对于学生管理来说是以前从来没有接触过的，是全新的内容，当然在这些全新的内容中，有一些是之前本来就存在的，只不过是没有显露出来。

现在毕业的学生从来没听说过有哪个学校会负责管理学生毕业以后的工作，但是在这一时期之前的很长一段时间内，从学校毕业的学生都要到毕业分配办公室去，其目的就是等待分配工作任务，毕业之后根本不用像现在一样担心，没有一份可以供自己生活的工作。在经过一系列改革之后，这种“包分配的办公室”也同时进行了改革，将其变更为“就业指导办公室”，这样做的目的就是加强学生在社会上的能力培养，为其在毕业后的工作中奠定基础。

除了上述我们所说的之外，国家相关部门还出台了相关的政策，其内容主要是对就业指导工作人员职责的具体划分。

（2）工作地位

在此之前学生工作都是与学校的普通管理工作混合在一起进行的，从这个时候开始，学生管理工作开始独立出来，成为一个独立的个体进行管理，其工作的程序也逐渐趋于系统化。

（3）对管理人员的培训

这一时期，学校逐渐开始对管理学生的管理者进行系统培训，培训主要包括知识与技能两个方面，其目的主要是通过系统的培训，使管理者更加善于对学生的管理。

（4）对学生团体的管理

在此之前的时间内，学校内由学生组成的社会团体，除了由学校教师直接干预的学生会之外，很少由独立存在的社会团体的存在，在这之后，由于政策的出现，社会团体的数量也在这一时期大量出现，学生自我管理的能力逐渐加强。

三、20 世纪 90 年代末—21 世纪初

1998 年，我国开始连续扩大招生规模，高等教育发展进入了一个新的阶段。

我国高等教育全面实施市场化的大学生就业制度、高等教育成本分摊与后勤社会化制度，大力加快高等教育大众化步伐，同时大学生就业压力日益增加，信息化和全球化等对高校人才培养产生全面影响。这都使得高

校人才培养模式和管理模式发生了深刻变化。

进入高校的经济困难学生数增加，急需建立完善的“奖、贷、助、减、免”的资助体系。为此，教育部、财政部下发《关于进一步加强高校资助经济困难学生工作的通知》（1999 年）来改善这种状况。

由于经济、学习、生活、就业压力的增大，出现心理障碍的学生也日益增多。2001 年教育部颁发《关于加强普通高等学校大学生心理健康教育工作的意见》指出：高校培育的学生不仅要有良好的思想道德素质、文化素质、专业素质和身体素质，而且要有良好的心理素质。2002 年又下发了《普通高等学校大学生心理健康教育工作实施纲要》强调在开展大学生心理健康教育工作中要特别重视开展大学生心理辅导和咨询工作，并对高校心理咨询工作提出了更高的要求。

同时，随着不断扩招，大学毕业生人数逐年增加，就业压力不断增大。2002 年，随着国家第一批扩大招生后毕业生的到来，高校毕业生的就业压力猛然增大。为此，2002 年 2 月，教育部、公安部、人事部、劳动保障部四部门紧急出台了《关于进一步深化普通高等学校毕业生就业制度改革有关问题的意见》；同年 9 月，四部门再次下发《关于切实做好普通高等学校毕业生就业工作的通知》。两份文件同时强调了做好高校毕业生就业工作的重要性，并提出要在中央、地方和高校三个层面形成招生、培养、国家经费投入与就业相互联系、相互制约、相互促进的管理运行机制。这两份文件的出台，使得各高校的就业工作达到了前所未有的重视程度。几乎所有高校都成立了“就业指导办公室”或“就业指导中心”，归入学生工作处管理。其主要职责包括为在校生开设就业指导课，帮助学生确立择业目标；收集和发布就业信息；传授就业技巧，提供与就业相关的咨询和培训，与用人单位联合召开就业宣讲会和毕业生招聘等。

学生事务管理专职人员的素质不断提高，学生事务管理制度得到完善。各高校通过选留硕士毕业生担任专职辅导员、鼓励原有低学历的学生事务管理者攻读研究生课程班或学位班等方式，大大改善了专职学生事务管理者的学历结构。

学生事务管理有了较为鲜明的理论基础。在马克思主义关于人的发展学说和我国教育方针的指导下，广泛吸纳思想政治教育学、高等教育学、高等教育管理学和心理学等学科的研究成果及西方有关大学生发展的理论，逐步丰富了学生事务管理的理论基础。在实际工作中，开始重视对学生特征、学生思想的研究，注意考虑学生的心理需求和尊重学生个人的正当利益，在重视对学生规范和控制的同时，开始形成为学生成才服务的管理观念。

对外的学生事务管理交流、培训和研讨开始增多，各种研讨会、国外高校访问学习、国际学术会议为学生事务管理新理念、新发展的传播提供了良好的交流平台。

四、2006 年—至今

随着我同高等教育迈入大众化阶段，其增长方式逐渐从规模和数量扩张转向质量的提高。党中央、国务院明确指出“十一五”期间，要把高等教育发展的重点放在提高质量上，适当控制招生增长幅度，相对稳定招生规模，着力培养学生的社会责任感、实践能力和创新精神。2007 年教育部、财政部联合下发文件，决定实施“高等学校教学质量与教学改革工程”。同时，教育部下发了《关于进一步深化本科教学改革全面提高教学质量的若干意见》，号召全面提高高等教育质量，努力办好让人民满意的高等教育。可以说，提高质量已成为中国高等教育的时代主旋律。

作为高等教育的有机组成部分，高校学生事务管理质量也成为高等教育的重要目标之一。而要提高高校学生事务管理质量，高校学生事务管理就必须实现专业化的发展。这也是西方发达国家高校学生事务管理的历史演变给予的有益启示。同时，在社会主义市场经济条件下，用人单位对毕业生提出了更高的素质要求；全球化、信息化背景下的开放办学对如何教育、引导和服务大学生也提出了新挑战。社会经济和文化水平的发展变化及高等教育自身所进行的种种变革，使高校所处的生态环境中处处隐含着众多可变性和未知因素，其工作本身便具有不可预测性的学生事务管理，在上述背景下已显露出明显的不足，无论是管理意识、工作机制，还是队伍建设和资源配置，都呼唤着朝专业化的变革与发展。

可以说，我国高校学生事务管理正日益走向专业化全面发展时期，并呈现出如下几个方面的特点：

（1）学生事务管理的机构更为完善，管理与服务内容也进一步拓展。学生课外活动内容也日益多元化。

（2）确立了学生事务管理“以人为本”的理念和较为系统的理论基础。学生事务管理的使命将更为明确清晰。

（3）推动学生事务管理学科建设。部分高校逐步开始在高等教育学专业下设立学生事务管理研究方向，并招收研究生；组织成立相应的学会组织，并经常举办学生事务管理相关内容的研讨会。

总之，经过近40年的发展，我国高校学生工作逐渐从单纯强调思想政治教育转变为教育、管理和服务并重，学生工作体系也由单一的思想政治教育演变为思想政治教育和学生事务管理两个子系统构成。在这一过程中，学生事务管理专业化水平有了很大提高。

第二章　高校学生事务管理的理论基础

高校学生事务管理在我国存在的时间相对来说还不是很长，但是经过了一系列的改革以及对西方发达国家学生事务管理的借鉴，已经形成了一套自己独特的管理模式与管理理论。

第一节　高校学生事务管理基本理论

一、高校学生管理事务的目标

在我国，学生事务管理的基本目标是：通过非学术性事务和课外活动的组织指导和管理，对学生施加教育影响，以规范、指导和服务学生，丰富学生校园生活，促进学生成长成才。

二、高校学生管理事务的任务

高校学生事务管理受诸多因素的影响，如学校的传统、历史、文化、办学目的、地理位置、师生构成等。尽管如此，对于我国大多数高校来说，学生事务管理的任务是基本相同或相似的，一般分为针对学生个人、学校、社会的三类任务。

（一）学生个人

对于学生个人来说，高校学生事务管理的任务主要包括以下几个方面的内容。

（1）对于学生个人来说，高校学生事务管理的任务首先就是要帮助学生学会选择，并且在对正确的事物选择之后还要对其进行相应的判断。

（2）对于学生个人来说，高校学生事务管理的任务还要在学生学习的过程中帮助学生，当学生需要一些有助于学习的学习资料时，教师要善于发现这些问题，帮助学生解决燃眉之需；当遇到有学生因为家庭贫困在生活、学习中遇到困难的时候，可以向学生推荐申请奖助学金以帮助学生顺利完成学业。

（3）对于学生个人来说，高校学生事务管理的任务要帮助学生在其求学的路程中确立人生奋斗的目标，促使学生在学校努力完成学业，获得进一步发展的机会。

（4）对于学生个人来说，高校学生事务管理的任务帮助学生成功地适应大学生活，鼓励学生健康的生活方式。

（5）对于学生个人来说，高校学生事务管理的任务要帮助学生在生活与学习中处理好人与人之间的关系，这对于学生来说在日后的工作中是非常重要的交际能力的体现，学会在遇到困难的时候如何冷静下来解决问题，而不是抱怨为什么问题会出现在我身上。

（6）对于学生个人来说，高校学生事务管理的任务为学生的全面发展以及素质的提高提供各种平台和机会。

（二）学校

对于学校这个系统来说，高校学生事务管理的任务主要包括以下几个方面的内容。

（1）对学生的受教育情况和社会实践进行评价，以改善学校的工作。学生事务管理部门应当经常向其他主管部门反映学生的学习、生活和课外活动等与学生培养质量、提高管理水平、改善服务有关的情况，旨在更好地培养人才。

（2）对于学校这个系统来说，高校学生事务管理的任务要通过执行和完善学生行为准则来体现学校的价值观念。要求学生做什么和不能做什么，反映了学校的价值观念。学生事务管理部门在执行和修订学生守则时，也就把学校的办学指导思想和价值观念具体化了。

（3）对于学校这个系统来说，高校学生事务管理的任务首先要对学校的一些相关的事务进行管理，当然在这个过程中，学校会根据相关的政策做出一些决定，学校需要对这些已经形成条文的决定承担相应的责任。

（4）对于学校这个系统来说，高校学生事务管理的任务要通过相应的措施加强对学生的管理，同时还要加强对学校财力资源的管理。

（5）对于学校这个系统来说，高校学生事务管理的任务应及时解决任何可能发生的突发事件，为学校排忧解难。

（6）对于学校这个系统来说，高校学生事务管理的任务既要做到对学校办学目的的维护，同时还要向外界不了解学校的人解释学校的办学理念及相关政策。

（7）对于学校这个系统来说，高校学生事务管理的任务要鼓励教师和学生之间加强相互联系，帮助教学人员处理好师生间关系。

（8）对于学校这个系统来说，高校学生事务管理的任务需要制定有助于校园安全和稳定的政策和方案，维护学校的稳定。

（9）积极从事学术和专业活动。这里的学术和专业活动，主要是指学生工作的学术和专业活动，目的是要让学生管理工作人员能够在自己的工作领域成为专家。

（10）鼓励和协助学生参与学校管理。在校园里，凡是涉及学生切身利益的方针政策，都应当有学生的参与讨论。

（11）在学校制定或修改方针、政策时，提供有关学生情况的信息。

（三）社会

对于整个社会来说，高校学生事务管理的任务主要包括以下几个方面的内容。

1. 树立法治观念

我们现在的社会是法制社会，在这样的社会条件下，我们每个人都必须要树立一定的法制观念，从而保证社会秩序的正常进行。

我们都知道《宪法》是我国的根本大法，其他的法律条例的制定与颁布都是在尊重《宪法》的基础上实行的，因此学校有必要让学生了解国家法律的重要性，增强学生的法制观念，培养学生具有较强的道德判断和选择能力。

2. 了解国情

由于早期的中国是闭关锁国的状态，国门也是被迫被打开，从此中国便处于被瓜分的境地，而中国的特殊国情正是因为此前的这些事件所造成，学校有必要让学生了解中国国情的由来以及当代国情的形势，以使学生更具民族使命感。

当然，更多地了解国情还能使学生将个人利益与民族利益联系在一起，心怀国家利益投入到社会工作中，能够促使学生为社会多做贡献，促进社会的全面发展。

3. 学习马列主义等相关思想

马克思列宁主义在中国传播时间由来已久，并且在这么长时间的发展中，我国历代领导人都是在马克思列宁主义的思想领导下进行决策，它是我国发展的根本前提。

4. 理解党的基本路线

帮助学生正确理解和坚持党的基本路线，坚持以经济建设为中心，坚持四项基本原则，坚持改革开放。学会识别和抵制各种背离党的基本路线的错误倾向，拥护中国共产党的领导，走中国特色社会主义道路。

三、与高校学生事务管理相关概念

（一）校园环境理论

1. 结构组织模式

绝大多数人生活在有明确目的性的环境里，例如教室、办公室、服务中心等。“如何组织”“如何实现目标”和“谁来负责”等问题，决定了环境影响的有效性，在实现目标的过程中必然要做出一系列的决定，这就必然涉及如何使用各种资源、应该遵循什么规则、如何营造氛围吸引每个人注意力等问题。

结构组织模式理论认为，组织环境的动态或静态特征会影响参与者的士气。而高校这样一种教育环境，同样也会影响学生的行为与情感，高校管理中所呈现出来的这种具有动态性质的组织模式形成一定的结构类型。大学作为一个动态的教育机构，大学里众多的部门和单位都要不断提高自身适应环境变化的能力，以满足学生个人发展需求。

2. 物理模式

物理模式理论认为，所有环境都具有自然的和人造的物理特征，影响着置身其中人们的行为。物理特征主要包括了建筑设计、空间、距离等因素，这些因素通过光线、温度、空气质量、设施、人口密度等条件，对人们的注意力和满意度造成了巨大影响。物理环境不能直接导致特定的行为或态度，必须与其他因素共同加以考虑。

物理特征在某种程度上影响了校园环境对学生的吸引力和学生对校园环境的满意度。现代大学越来越注重人群密度、学生的私密空间及空间的舒适度，不仅要考虑学生的容纳力，还要考虑到不同学生对于空间的不同感受。教师和学生事务管理者在与学生互动的时候，对空间条件的重要性要有足够的认识。例如，学生社团办公室的大小、学生的宿舍容量、心理辅导办公室的布置和陈设等等。

3. 人与环境互动

人与环境互动理论主要是解释包括物理和人文环境在内的特定情境，以及特定情境对学生发展的影响。高质量的大学教育来源于个人和环境的互动，无论是学校的独特校园文化，还是校友的成功传奇故事，以及大学组织传播的信仰与价值观，都直接影响了学生的人生观、价值观及行为方式。

从另一方面来看，学生应对环境的能力是大学的培养目标之一，学生学会创造、选择和超越环境是大学的培养成果。为了促进学生个体的成长，必须尽可能保持人与环境之间的连续性，教师、学生事务专业人员和其他学校机构应该联合起来，为创造、保持、加强积极正面的校园环境而努力工作。

（二）学生发展理论

学生发展理论借鉴了学习理论、组织行为学、人口统计学、教育哲学、管理学、组织发展等各方面的理论。高校把学生发展理论作为设计辅助课程的指导纲领，能够使学生学习过程更有方向性和目的性。

1. 人格类型

正如我们所看到的，我们生活范围内的每一个个体都有着明显的差别，首先是人的外貌，这是区别人与人之间最首要的条件。“不见其人，先闻其声”，从这句话我们就能够看出来，虽然我们没看到说话的人出现在我们的视野范围之内，但是他说话的声音传入我们的耳朵，我们可以通过声音的不同来判断这个人是谁，因此，我们除了对外貌的观察之外，听辨声音也可以分辨出不同的人。从本质上来说，我们对类型不做优劣的评价，任何事物的任何一种类型都有一定的积极意义。

类型理论认为人类行为的变化不是随机的，而是由人类认知功能的先天差异决定的。这种差异体现在生活的很多方面，比如人们如何接收和加工信息、如何学习以及如何激发他们对不同活动的兴趣等。类型理论增强了我们对大学生学习的理解，学生之间都是存在一定的差异性的，通过我们对这些差异性的对比与联系，能够很好地帮助学生发展其他方面，同时也便于管理人员对他们的理解。这种类型的理论在对同学进行分组、调解矛盾、帮助学生在活动中彼此了解等大有裨益，对学生发展咨询顾问、大学互助会和校友会的组织者具有重要的意义。而霍兰创立的职业选择理论，着眼于研究与了解学生个性和环境的关系，也经常用于帮助学生进行职业规划。

2. 学生工作

从我国高校管理工作的内容上来看我们可以发现，其工作直接指向学生，并且他们并不是漫无目的的，而是有一个系统的计划，从而能够更好地为学生提供各种服务，提高学生的综合素质，时刻提醒、教育学生向好的方向发展。

从总体上来看，我们在学校中所要引导学生进行的正确的教育行为主要包括三个方面，具体如图 2-1-1 所示。

教育方面	通过日常思想教育、学生党团组织建设、校园文化活动及社会实践等途径对学生进行政治、思想和道德品质的培养、塑造
管理方面	通过规章制度约束、引导学生的行为向社会规范认可的方向发展，主要包括学籍管理、行为管理、奖惩、评价等
服务方面	通过创造一定的条件，解决学生在学习、生活过程中遇到的实际问题，帮助学生健康成才，主要包括心理咨询、就业指导、困难学生资助和组织勤工助学活动等

图 2-1-1　正确教育行为

随着时代的发展、社会的需要，我国对于教育方面的改革不断推进，由于我国在教育方面与西方其他国家比起来相对来说起步比较晚，因此，在西方国家中一些先进的理论以及实践成果我们可以借鉴性地拿来使用，当然还有一些国家的学者将他们的研究成果带到我国，使得我国的教育事业得到了进一步提升，一些相关的理论陆续被介绍到我国，受到高校学生工作者所关注和借鉴。

相对而言，西方国家所推崇的“学生事务管理”与我国所推行的“学生工作”有着一定的共通性，但是对于两者来说，其侧重点是有所差异的，具体差异的表现如图 2-1-2 所示。

范围方面	“学生工作”和“学生事务管理”的外延不同，我国的“学生工作”主要包括学生的思想政治教育、日常管理、发展辅导等工作
功能方面	“学生工作”和“学生事务多管理”都包含教育管理和服务三大模块 的内容。我国“学生工作”更强调管理及思想政治教育功能；西方突出服务和学生发展功能

图 2-1-2　中西方学生管理差异所在

通过上述我们对我国与西方在学生管理方面相关内容的对比可以发现，他们在范围上有着明显的区别，显然，西方国家所实行的学生管理的范围要大于我国的学生工作范围，在研究中我们要始终遵循求同存异的精神，尽量忽略两者概念的差异性，研究在我国环境下隶属于同一范畴的内容。

3. 认知结构

和上文中我们所说到的心理发展理论有相通的道理，认知结构这一理论主要关注点不是人们思考什么，而是人们如何思考。强调遗传和环境在智力发展中的重要性，并提出了智力发展的若干途径。认为人的“认知结构”总是按照一定的序列发展。对学生事务中的学术咨询具有一定的影响。

从近几年的发展情况来看，认知结构理论主要研究智力发展和道德发展，并开始关注认知发展中的性别差异问题，而对人格和社会能力少有涉及。在学生发展问题上，传统的理念是以社会为主体，以社会化为目标来塑造学生。现代的理论则突显教师和学生两个主体，强调学生是发展的主体地位。因此，应把智力发展、价值塑造、人格养成等视为学生发展的基础问题。

4. 心理发展

我们在现实生活中，很多时候一些行为都是因为心理原因在作祟所导致的，原本没有那么大的事，但是一个人如果始终纠结在心里的感受或者是别人在心里的感受，那么他就不容易释怀，在不同阶段会出现不同的问题，而在不断成长及发展中，人们可以解决不同阶段面临的问题。

心理发展理论把“学生个体的发展”作为分析和思考学生需求和反应的出发点，对学生事务管理专业人员有着重要的参考价值。心理发展理论认为，学生生理发展和智力发展的不同阶段可能会遭遇到挫折和障碍，经过系统训练的学生事务专业人员可以应用心理发展理论指导具体的教育实践。

5. 学生人事、学生服务与学生发展

这里我们所说的“学生人事”“学生服务”与“学生发展”这三个概念其实都是在“学生事务”这一概念的演变与发展过程中出现的，只不过在具体的定义上有所差别。

在20世纪初期时，美国的一位校长对学生人事这个概念做了相关的解释，他致力于研究学生的心理，是当时很著名的心理学家，他将此定义与学生的需要为主要发力点，主张管理人员的任务就是要充分为学生服务，而学生的任务就是要通过一定的训练，掌握生活技能。

当时间发展到20世纪中叶时，此时的情况与之前已经发生了明显的变化，这一时期随着学生多样化需求的增加，逐渐出现了另一较为新颖的概念——“学生服务”，这与上文中我们所说的学生人事有着一定的区别，他们所强调的范围更为广阔，不仅包括在学校中需要学习到的技能与管理能力，同时还包括在毕业以后的工作中一些非常有实用性的技能。随着时间的推移，在学生服务的基础上又逐渐衍生出了另一范围更为明确的概念——学生发展，他们主张学生的发展是学校发展的唯一途径，只有当学生发展的好的时候，才有学校的发展，因此学校要尽量为学生排除在学习生活中所遇到的困难来帮助学生更好地学习，并按照学校所计划的来进行学习，注重校园环境对学生影响的重要性。

从整体上来看，学生发展理论具有综合性，是人类发展规律在学校环境中的应用，注重整合校园里的各种资源实现目标，营造有利于发展的环境。校园中，很多人把学生发展仅仅看作学生事务专业人员的工作，但学生发展理论强调学生发展涉及学校中的各个部门，各部门间应加强互动、平等协商以及与全方位合作。

第二节　高校学生事务管理组织模式

一、外部事务型

外部事务型管理模式的高等学校尽管不完全排斥学生非学术性的课外活动及其管理，但是却将这部分工作减少到了最低限度，除了部分私立学校从吸引生源的角度开展了一些就业指导活动外，绝大部分学校的学生事务管理仅仅包括学生的招生和学籍管理。

由于外部事务型模式的学生事务管理机构不从属于相应的高等学校，因而其提供的服务内容主要包括后勤服务和社会福利服务两个部分。他们的后勤服务主要包括餐饮和住宿。外部事务型学生事务管理提供的另一服务是社会福利，具体包括以下几方面：奖学金发放，提供包括学业、生活、心理等方面的各种咨询，收集和公布各种短期打工的信息，提供社会保险。

需要注意的是，实施外部事务型组织模式国家的高校同样也需要具备类似于内部事务型学生事务管理组织模式的一些功能，例如心理辅导、就业指导等，而这些国家的高校通过内部规模和功能相对较为单一的学生事务组织以及社会上的其他一些专业服务机构来实现。

二、内部事务型

内部事务型学生事务管理组织模式以美国、加拿大、英国和澳大利亚等国的高等学校为代表，因属同一文化宗主国，也可将其称之为盎格鲁—撒克逊模式。在亚洲的新加坡、马来西亚、菲律宾和中国香港特别行政区等国家或地区的高校学生事务管理基本上也可归入这一模式。这一模式的影响范围广泛。

采纳内部事务型管理模式的学校，普遍将学生事务视为高等教育过程中的重要组成部分，学校承担全部或大部分学生非学术活动或课外活动的管理职能。通常，这些学校都设有功能齐全的学生事务管理部门。在美国，这些部门往往直接由学生事务副校长领导；而在其他一些国家和地区则主要由学生事务长负责。

三、内外事务综合型

不严谨来说，我们可以将上述两种类型的组织模式理解成两个极端，一个是极力推崇内部型的，一个是极力推崇外部型的，两者各有各的优势，但是从某种程度上来说也尤其限制发展的一面。因此另一种较为中和的组织模式应运而生——综合型组织模式，这种类型的模式既综合了第一种类型的优点同时也吸取了第二种模式的长处，可以说是一种更为合理的组织模式。

第三节 我国高校学生事务管理的理论基础

一、人的全面发展理论

我国在关于人的全面发展理论方面主要是受马克思主义的影响，自新中国成立后，我国便开始沿着马克思主义的思想前进，可以说在我国所进行的人的全面发展理论上马克思主义做了非常大的贡献。

（一）全面、自由的发展

马克思的理论中对于发展尤其是人的发展有多方面的内容，其理论的中心一半集中在全面上，剩下的一半全都放在自由上，他主张我们要自由的发展，并且要协调发展。只有当人全面的发展之后，这个人在其各个方面的发展才是全面的，才能在现实社会中承担更多的社会责任，为社会的发展做出更多的贡献。

在现实社会的发展中，我们每个人之间都是存在一定差异的，这种差异可能表现在能力上，可能表现在天赋上，也可能表现在人在接触事物时的反应能力上等等。总之，人与人之间能力的不同是我们不能决定的，我们不能期望每个人都像爱因斯坦一样那么聪明，更不能期望每个人都能像牛顿一样能够研究出万有引力的存在（重要的是万有引力已经存在，我们已无须再去研究），但是这里马克思所要强调的是，虽然我们的起点是不同的，但是同是身在这个社会的人，社会应该为我们提供同样的条件去发展这样的才能，只有当具备了一定的发展条件，我们才可能朝着这个方向不断发展。

上文中我们说到马克思所主张的“全面”将一半放在了自由上，这里我们所说的自由主要表现在人的个性发展上，不束缚个性化的发展。拿最简单的例子来说明，我们在日常生活中走在大街上时常看到有人用牵引绳拉着狗在街上遛，这种就是相对来说束缚了狗的自由性，有人说，我们完全可以将牵引绳放开，让狗狗自己走，说这话的人肯定没有想到过这么做的后果，这样做不仅我们左右不了狗狗的行为，而且他在街上遇到一些突发的状况的时候我们也无力制止，所以对于动物来说适当的约束才是其最好的发展，而马克思所倡导的人的发展是我们需要遵循的准则。

另外，除了上述我们所说的自由与全面的发展之外，还有一点是我们必须要说的，那就是对于人在发展过程中“充分”的理解。“充分”这个词我们在自然界中可能见的会比较多一点，当我们在野外的某个地方看到一些植被的生长时，一些阳光充足，植被能够充分吸收水分与阳光的地方植被生长的都会比较茂盛，而在一些缺乏水分或阳光的地带，植被的生长就像是缺乏营养的儿童一样面黄肌瘦。同样的道理，人的发展也是一样的，当人在发展的过程中其能力得到充分的发展，这样才能在发展的过程中充分发挥其能力，为社会的发展做出相应的贡献。

（二）中国化的发展

在对马克思的主张进行系统的研究分析之后，我国的领导人便将其引入了我国的教育界发展中，其思想的传播主要体现在我国历代领导人的思想上。

1. 毛泽东的思想

在毛泽东同志的思想中，将马克思关于人发展的全面性的理论得到了展现，但是在一些细节上有所改变，比如说毛泽东将发展的内容进行了细致的分类，主要分为两个部分，一部分是体力的充分发展，另一部分是智力的充分发展，也就是与我们现在经常说的脑力劳动是一样的道理。具体来说毛泽东的这种思想主要涉及人本身所具有的一些才能、后天受到教育道德水平等相关因素。

随着时间的推移，毛泽东的这种发展理念也随之而发生了一些变化，在前面的基础上又将人的发展理论得以丰富，在之前的主张中只是涉及智力与体力这两个方面，而在20世纪50年代末时，毛泽东将思想渗透到德育方面，后来又将教育与中国的政治紧密联系在一起，使得教育推动了社会主义的建设，在为社会主义建设输送人才的同时，发展壮大了我国的教育事业。

2. 邓小平的思想

邓小平的思想是综合了马克思主义与毛泽东思想之后的产物，在前面两位先人的基础上，邓小平将人的发展理论再一次得到了延伸，并使其得到了升华。

“科学技术是第一生产力”这句话我们从上学的时候开始接触政治这门课程就铭记于心，这其实也是邓小平思想的核心所在。在我国发展的进程中，邓小平意识到了科学技术在国家发展中的重要性，科学技术所带来的生产力的变化是巨大的，因此才决定致力于科技的发展，体现在人的发展上就是要培养创新人才，培养具有科技能力的人才。

另外我们要说的就是，在邓小平的领导下，他将毛泽东思想中提倡的一些之前没有实现的更为详细的事宜具体化并予以实施，扩充了毛泽东思想，同时还将毛泽东思想中的精华予以呈现。

二、传统文化思想的影响

这里我们所说的传统文化，主要是指儒家学说，因为长时间以来，中国传统文化的主流都受到儒家文化思想的影响。

（一）教育管理方式角度

从教育与管理的方式方法层面来看，倡导“学、思、行”相结合，注重人的可塑性，主张因材施教。这里我们所说的因材施教大家应该都非常清楚，在一段时间之内，因材施教的观点是非常被推崇的，在这种主张下，我们能够根据不同学生的不同特点，按照他们的接受能力来进行一对一的教学，这样不仅能够提升教学效率，同时还能够让学生在最短的时间内学习到更多的内容。孔子认为，学、思、行三者应紧密结合起来，“学”是我们获得知识的最根本也是最唯一的途径，通过学习我们才能够将我们身上所具有的天赋发挥到最大；所谓的“思”就是在我们学习一段时间之后静下心来对这一时间段内所学习到的东西进行反思，回想一下我们在这个过程中都学到了什么，怎么才能将这些所学到的知识应用到实践中；“行”也就是我们所说的实践，说再多、学习再多也都是纸上的知识，不通过实践加以应用，那就是纸上谈兵，对我们自身的提高没有任何帮助。另外，除了这三点之外，我们还要在学习的过程中做到“三多”，首先就是“多听”，为什么我们有两个耳朵一个嘴巴，就是让我们在学习的过程中，多用耳朵听，一只耳朵不够用，就用两只耳朵，而嘴巴只有一个，该说的时候多说，不该说的时候就好好听；我们要说的第二“多”就是多看，多看一些书籍，多看一些与我们所学习的知识相关的内容，对我们在学习过程中提高自己的能力有很大的帮助；最后我们要说的“多”就是多问，也就是上文中我们所说的“该说的时候”，遇到了不明白的地方我们就要多问，孔子曾经说过“不耻下问”，我们要做一个勇于发问的学生，这样我们才能在学习的过程中以最快的速度成长。

将上述我们所说的这些内容全部都结合起来，之后在实践中加以应用，这才是真正做到了“学以致用”，从学习到获得再到实践的过程，这同时也是人们认识事物、学习事物、应用事物的过程。

同时，儒家强调通过谈话与个别观察了解学生的特点，分析学生间的个别差异，在此基础上实施因材施教。这些反映在高校学生事务管理中，就是强调通过深入细致的教育引导工作，帮助学生树立正确的观念，在教育方法上强调循循善诱、以情感人，强调教育是一种引导和疏导的过程，追求循序渐进的功效。

（二）社会心理学角度

一种伦理型文化，倡导的是一种“儒家关系主义”背景下的“德治”。

孔子就曾说“为政以德，譬若北辰，居其所而众星拱之。”又说“道之以政，齐之以刑，民免而无耻；道之以德，齐之以礼，有耻且格。”中国儒家文化的一个重要传统就是“德治”根本上就是追寻以德治主义为理想的修己安人的管理模式。“德治”的管理思想是东方文化的产物，它是中华民族在长期改造自然、社会和自我发展的过程中积淀而成的价值道德和思维定式。德治主义是儒家管理思想的核心。其“德治”包含两方面的意义：一是管理者本身必须具备仁心善性，是可建立仁政王道的政治思想；二是以道德作为管理力量的来源，规范组织成员的根据在于道德。前者是治人者必须有德，后者是以德治人。其德治论以性善论为根基。“道之以德，齐之以礼”的德治，代表一种“自律”。自律的养成，端赖于教育的成功。

中国儒家文化的这一重要“德治”传统经过几千年的经验积累，其体系之完善，手段之多样，是十分罕见的，其深厚的历史积淀和强大的穿透力使它对今日人们之影响依然根深蒂固。因此，从文化根基来看，我国高校学生事务管理注重“德治”具有独特深厚的文化基础与丰富的精神内涵。

第四节 现代高校学生事务管理的未来

一、现实面临的情形

（一）新的教育理念

新时代学生特点和新形势的变化对高校教育工作者提出了新的要求，需要积极探索，寻找出新思路、新方法，帮助学生树立正确的世界观、人生观和价值观，使他们更加深刻地认识自己肩负的责任和历史使命。高校学生事务管理工作要应对这些新形势，进一步转变理念。

1. 培养专门人才

各行各业中都存在一些尖端的人才，比如说在一些企业的技术部门，会专门配有一些技术人才，在公司的某项环节中遇到困难的时候，只要他们出面，马上就能够解决，并且在一段时间之内都不会在出现这样的问题，这就是人才的重要性。

同样的道理，在学生事务管理中我们也需要一些专业能力很强的人在对学生进行管理的过程中出谋划策、解决问题。从目前的形式上来看，这种专业化的路线已经在开始计划当中，只不过我国暂时还没有找到一个切实可行的计划，这必须是建立在我国国情的基础上，既不会影响大的决策，同时还能够促进教育事业的发展。在这方面我们可以借鉴美国的管理模式，相对来说，美国发展早，并且发展的起点较高，其成果我们可以根据实际情况来进行调整，使其逐渐适应我国的发展状况。

到目前为止，我国高校尚无独立设立学生事务专业的记录，而是融合在思想政治教育、教育学等学科之中。目前已经开设的思想政治教育专业，其在培养目标和内容上与学生事务专业口径不一致，因此它不能替代学生事务专业。同时，我们应该指出，学生管理工作队伍专业化、职业化，并非单纯指学生事务专业。

2. 主动研究

自从第三次科技革命开始之后，我国的科技突飞猛进，我国的首都也从原本政治、经济、文化中心发展到现在的政治、经济、文化、科技中心，从这一点上我们就能够清晰地看出，科技在我国发展中的重要地位。

由于科技因素的影响，通过我们对这一时期高校学生的素质就能够看出，无论是能力方面还是综合素质方面都与之前有了很大的提升，这一方面是学生的知识储备量的变化，另一方面主要是社会压力的存在让他们不得不努力去进步，去发展自身以提高其在社会发展中的地位。但是这样的压力他给他们造成了一定的影响。

由于学生在学校中的时间有限，在这有限的时间内如果学校不能充分挖掘他们自身的能力就可能会导致学生在今后的工作中力不从心，通过我们对学校学生的相关调查可以发现，当我们组织学生参与到学生管理的相关事务中来时，学生的积极性非常高，在这个过程中，不仅锻炼了学生的领导才能，还使学生在与人沟通能力方面有了很大提升，有助于学生的发展。

通过学生不断参与到学生事务管理中来我们可以发现，在这个过程中，学生提高专业能力的机会逐渐增多，并且在这个过程中，我们还能够使其增加一些实习的机会，便于学生在今后的工作中加以应用，西方一些国家在这方面已经有了一些相应的研究成果，有机会的情况下我国可以将其借鉴进行发展。

3. 规范管理

对于学生的管理我们都深深地知道，这与学生学习文化知识方面的教育是明显不同的。文化课教育的课堂中，有一些不明白的知识，可以通过老师的讲解逐渐领会，可能短时间内理解不了的东西，等过一段时间，通过一些实践的观察、磨炼，我们就能体会这些知识的要点，从而更好地在实际中应用。

但是学生事务管理主要针对的是学生生活中的方方面面，其包含范围的广泛性让这件事变得有些困难，在对学生管理的过程中，我们在字面上总是习惯于用“管理”这两个字，其实，按照我们自身来说，谁都不希望自己的自由被束缚，所以与其说是管理，还不如说是服务，这样才更贴切，因为管理不得当的话，可能会适得其反。在管理的过程中体现人性化的服务，相信学生也会习惯于被“管理”。

（二）新时期大学生的特点

对于学校来说，学生的发展是学校的教育宗旨，这不仅是学校教育的目的，同时也是学校的培养目标。

学生在学习过程中一直处在成长与学习的状态中，每一位学生都有其自身发展的特点，并且学生与学生之间所具有的特性也都不相同，从另一个方面来说，不同时代的学生他们所处的社会背景不同，因此，他们所反映的时代的特点也是不相同的，具有鲜明的时代持征，我们通过对某一时期学生的特点就能够分析出他们这一时期的特点。

在这些特点中，有一些是需要我们发扬的积极的优点，同时也有一些消极的特点，在学生成长的道路上，有一些可能会由于管理人员的疏忽而走上歪路，这都是消极的特点在作祟，这时学校的管理人员所要做的就是积极引导学生，使其朝着正确的方向迈进。

任何事物都是一个在发展中不断解决矛盾，同时又不断产生新的矛盾的整体，可能处在不同时期的时候，矛盾的主要方面与次要方面会有所不同，但是当我们把当前所面临的矛盾解决之后，随即又会产生新的矛盾，这才是事物发展的过程。

学生在不断发展中，所面临的情景不尽相同，作为年轻的一代，他们与成年人之间有着本质上的区别，最明显的区别就是他们在思想上不如成年人成熟。成熟的青年人在遇到困难的时候能够冷静下来思考困难的来源，并且能够在平稳的状态中寻求解决的办法。虽然青年人不具备如此成熟的想法，但是他们在遇到困难或者不顺心的时候会找到自己关系密切的朋友来排解，相互寻找解决问题的办法，一起来分担成长中所遇到的困难，其关键原因就是因为他们是同龄人，能对其所发生的事产生一定的共鸣，换句话说，也可以叫情感共鸣吧。

作为近些年来大学生的构成群体，“80后”和“90后”这两代人由于受成长环境影响在他们的思想等方面我们能够看出与“80”之前的学生很明显的变化，确切地说“90后”身上的这种变化比“80后”一代人所呈现出来的变化要更明显一些。

1. 实践能力差

科学技术发展至今，可以说是给我们的生活带来了翻天覆地的变化，从最开始只能看到呼叫人的消息，到大哥大，到固定电话，到现在的可视电话，这还仅仅是在通讯方面，我们生活的其他方面更是数不胜数，所以我们说科技的发展给我们的生活带来的便利是不可忽视的。

从教育的方式上来说，在科技的力量运用到教学之前，我们只能靠教师在黑板上写字，学生照着黑板上的字写在自己的本上来传递知识，书本上的内容老师不可能一个一个的去讲解，只能将知识点列在黑板上，让同学们学习，有时遇到同一个问题讲不清楚的时候，老师只能拿着黑板擦写了又擦，擦了又写，既耗费体力又耗费时间。但是当科技运用到教学中以后，上课的方式发生了改变，教师在课堂中只要将多媒体设备打开，将自己的资料放进电脑中便可对同学们进行讲解，还有一些较为特殊的课程或者是由于某些原因不能亲自去学校上课的情况，还可以在家中接受远程教育授课。从这方面我们就能够看出科技带给我们的便利。

很多学生对富含科技的东西特别感兴趣，并且他们会尝试各种方法来获取对他们感兴趣的这些事物的相关信息，虽然是这样，但是他们对于一些具体关乎实践的却表现出力不从心的状态，他们的动手能力明显不如70年代的学生。

不仅如此，虽然“80后”一行特别是“90后”的这些学生意识到了在实践方面的能力较差，但是他们却没有尝试通过一些有效的措施去改变，这是非常不可取的地方。

2. 心理承受能力差

在这部分内容中，我们同样是在学生的纵向上进行对比，80年代以前的学生，他们生活在集体中的时间比较长，特殊的社会背景以及家庭环境的影响使得他们有一种共同的意识——集体的利益大于一切。更多地表现出的是个人服从于集体。

但是80年代以后的“80后”和“90后”却不是这样的，更确切地说，

“90 后”的表现更为偏激。当他们在遇到一些事的时候，总是会站出来显露出自己的观点与立场，虽然很可能这种观点是片面性的，但是他们也会表明自己的态度，将自己的想法和盘托出。在当前这个复杂的社会中，光是有这种无所畏惧的胆识是没用的，还必须要有过人的智慧与强大的心理承受能力。

当前社会每天都会发生很大的变化，这些变化中有一些是我们能够左右的，但是还是有很大一部分变化不在我们预想的范围内，我们是心有余而力不足，在这强大的竞争压力下，学生首先要具备的就是强大的抗打击能力，这样才能在激烈的竞争下脱颖而出。

3. 个体差异性明显

近几年的调查表明，高校大学生发展的总体特征是积极、健康、向上的良好发展态势。他们拥护中国共产党的正确领导，热爱社会主义祖国，具有较强的社会责任感和强烈的民族自信心和自豪感。他们思想活跃，善于思考，接受新生事物快，关注国家社会大事，崇尚良好的社会公德，渴望良好的人际关系，呼唤诚实守信和感恩，注重个人职业理想等。

与此同时，随着改革开放以来社会体制的转型和价值观念的多元发展，尤其是“90 后”的大学生的家庭背景、个性心理、理想追求等方面的差异越来越大，思想的多样性、差异性明显增强。大部分学生关心时事政治、关注国计民生，对祖国和人民怀有深厚的感情，但一部分大学生重业务、轻政治，国家、民族观念淡薄，理想信念缺失；大部分学生能正确看待个人利益与集体利益、国家利益的关系，积极参与志愿服务等公益活动，但一部分大学生却只讲个人利益，公德意识和社会责任感淡薄；大部分学生能自觉遵守道德和法律规范，展现出新时期大学生的良好风貌，但也有一些大学生唯利是图、不讲诚信、不择手段，个别甚至参与违法活动。

二、事务管理的变革

新形势下，针对这些变化和新要求，必须改变原有的工作模式，在学生事务工作上不断变革与创新，突破传统学生工作以思想政治教育为主体的观念，构建以综合型、服务型为特征的学生事务管理模式，进一步提升规范化、法制化、专业化的工作意识，积极培养一支适应学生事务管理工作模式的学生工作队伍。

（一）理念变革

1. 增强学生主人翁意识

教育的基本职能是唤起受教育者的主体意识，提高受教育者的认识水平，激发受教育者的基本价值的追求，发挥受教育者的积极性、自主性和创造性。人的发展，从根本上讲，就是人的主体性的发展。长期以来，我国高校学生事务倾向于把学生作为规范和约束的对象，强调的是学生个体对集体的服从，学生的主体地位很难得到保证。

尽管高校学生社团在活跃校园文化活动、培养学生交往和能力等方面发挥了一定作用，但很少有社团对学校管理产生真正的影响。为此，我国高校学生事务要充分赋予校学生会及其他学生社团组织参与学校管理的权利，充分发挥其在学生自我教育、自我管理、自我服务中的作用。赋予全体学生在管理中的发言权、建议权和知情权，有关学生管理制度的讨论应有学生代表参加。

2. 增强沟通

我国高校学生事务实行的是党委领导、行政为主实施的领导体制。采取学校和院系两级管理、条块结合的运行机制。这种体制和机制曾发挥过积极的作用，但随着高等教育大众化阶段学生事务专业化需求的不断发展，学生事务、学术事务“两张皮”的弊端日益突出。学生事务服务于“育人”这个中心，与学术工作合为整体，都以促进学生全面发展为目标。因此，学生事务和学术事务本质是相通的，不能也不该截然分开。结合我国高校的实际，探索学术导向与行政领导相结合的管理模式势在必行。大力发展辅导员制度，特别要加大专业教师兼任辅导员的力度，增强学术事务与学生事务的沟通。除此之外，建立学生事务工作者与专业教师在学术指导上的合作机制，学生事务工作者要学会与专业教师合作，帮助学生解决学术问题。

3. 强化服务意识

我国高校学生事务多体现社会本位、行政本位和学校本位。常常注重社会发展的需要，忽视学生个体的需要，注重学校的现实需要，忽视学生个体的需要。确立“以学生为本”的理念，其本质就是强调以学生为中心，尊重学生、关爱学生、相信学生和依靠学生，使学生事务的教育、管理和服务各项职能相互协调、相互补充，共同促进学生全面发展。因此，我国高校学生事务应该将“以学生为本”，即“一切为了学生、为了一切学生、为了学生的一切”的理念落实到服务学生的机构设置和工作职能之中。例如，建立直接面向全体学生服务的“一站式”办事大厅(大楼)，开展招生咨询、学籍查询、学业辅导、就业指导服务、心理辅导咨询、经济资助等“一站式”服务。此外，可根据各学校的实际在学生宿舍区设立服务中心，直接满足学生生活上的各种需求，将日常教育、咨询辅导等职能延伸到学生宿舍区，在服务中实现管理，在管理中体现服务。

（二）实践变革

1. 构建机构管理模式

改善决策体制和运行机制都是在学生事务组织机构原有模式上的改进。现代组织的发展趋势基本上是从金字塔模式向扁平化模式演进，组织的中间管理层被逐步弱化，通过拓展管理幅度、减少管理层次来提高管理效率。随着教育理念的普及和被广泛接受，高校教学管理制度和培养模式变革已被提上议事日程。一些学者提出了一种新的机构设置模式——扁平型分工模式。

2. 完善工作准则

对于任何机构、企事业单位来说，在工作中都必须要遵守一定的工作准则，有一句俗语我们都听说过，“无规矩不成方圆”，如果在一个大的环境中没有一些固定的准则来约束人们，那么这个环境将会乱成一团，并且没有工作效率。

拿我国高校学生管理与西方国家的进行比较可以发现，西方国家中学生管理事物的制度要比我国的健全，这与我国传统的观念影响是分不开的，我国传统观念中重人治对于法治的观念没有那么强烈，对于管理中的一些条例并没有明确规定，很多时候事情处理的都比较急促，缺乏一个系统的管理机制。

与此同时我们还要对参与学生管理的相关人员进行管理，只有当这个队伍中有一个统一的管理系统之后，我们才能在这个权责范围内行使管理人员的职权，加强对管理人员的管理，同时也是对学生负责。这样，当在工作中某些环节出现问题之后，我们才能将责任下放到人，更具有针对性，从而更快地解决问题。

要构建“扁平型”学生事务管理模式需要以下几个步骤，具体如图2-4-1所示。

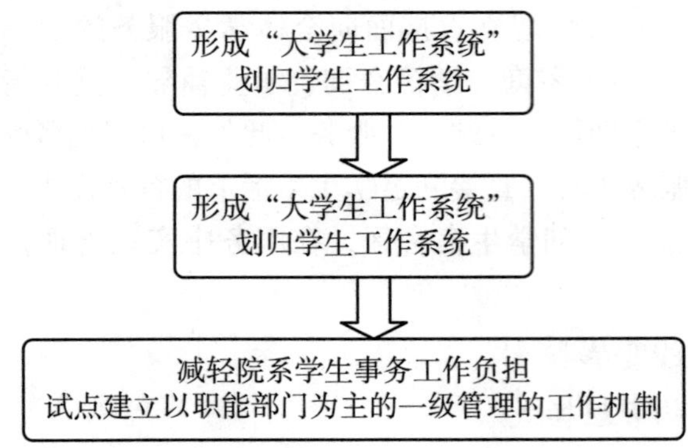

图 2-4-1 构建“扁平型”步骤

以上就是我们在构建“扁平型”学生事务管理模式的具体步骤，当然每个学校的实际情况有所不同，学校的相关领导需要按照自身学校发展的情况来具体实行，过程中有一些因素可能会发生变化，但是总体上不会有太大差异。

第三章 高校学生管理工作流程

针对高校学生事务管理的工作流程，我们主要从健康服务与安全管理、在校学生纪律教育与行为规范、民族学生服务与管理以及学生住宿服务与学园管理这四个部分来进行详尽地阐述，以便读者更好地在实际工作中加以应用。

第一节 健康服务与安全管理

一、安全教育

我们都知道，安全对于任何地区，不管是学校、各种机构或者工作场合来说都是非常重要的，这一点在一些工程性的工地中更能明显地看出来，而学校是人员密集的场所，所以校园中对于学生的安全教育是绝对不能少的，其安全教育的流程如图 3-1-1 所示。

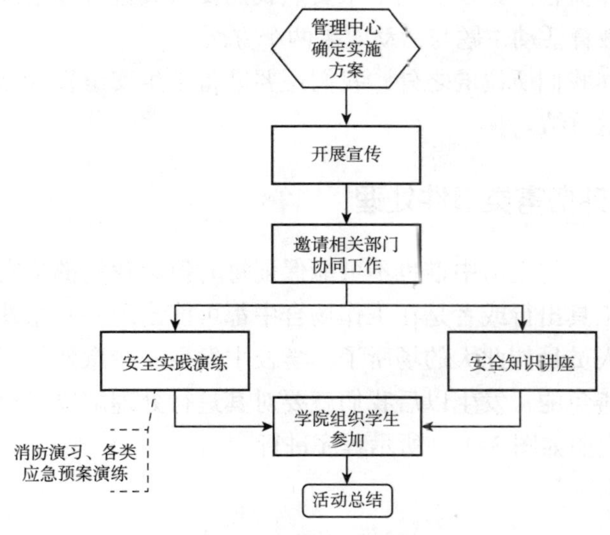

图 3-1-1 安全教育流程

上面我们所出示的图是高校学生安全教育的流程图，从上述我们所说的工作流程中，一些注意事项需要我们着重注意，具体如表 3–1–1 所示。

表 3–1–1　工作说明

承办人员	学生工作处大学生管理中心
相关单位	各学院 (课部)、保卫处
实施对象	全日制普通本科生
实施期程	全年实施
相关法规	1.《中华人民共和国消防安全法》 2.《中国地质大学学生安全管理规定》
注意事项	1. 注意做好安全教育活动宣传，提高学生参加的积极性 2. 每次参与学生人数应适量，分批次进行保障教育效果 3. 做好相关部门及学生的协调工作
办理方式	1. 学工处管理中心按年度工作计划制定安全教育方案 2. 邀请保卫处、公安部门等协同推进安全教育工作 3. 各学园通过宿舍走访、海报横幅开展活动宣传工作 4. 管理中心、各学院按方案组织学生参加 5. 活动结束形成报告并留存相关材料

对于工作流程中记录表的记录要点我们要对其进行详细地记录，其内容主要包括教育活动主题与活动效果两个方面。

除了上述我们所说的之外，我们还要准备学生安全教育材料，对相关的安全教育做总结。

二、意外伤害类事件处理

在我们日常的生活中谁也不可能保证每时每刻我们都是安全的，在我们乘坐交通工具出行或者是在工作场合中都可能出现一些意外事故，就更别说学校这人员量如此大的场所了。学校中发生一些意外伤害类的事件是我们所不能避免的，发生以后我们就要对其进行处理解决，对这类事件进行处理需要遵照如图 3–1–2 所示程序进行。

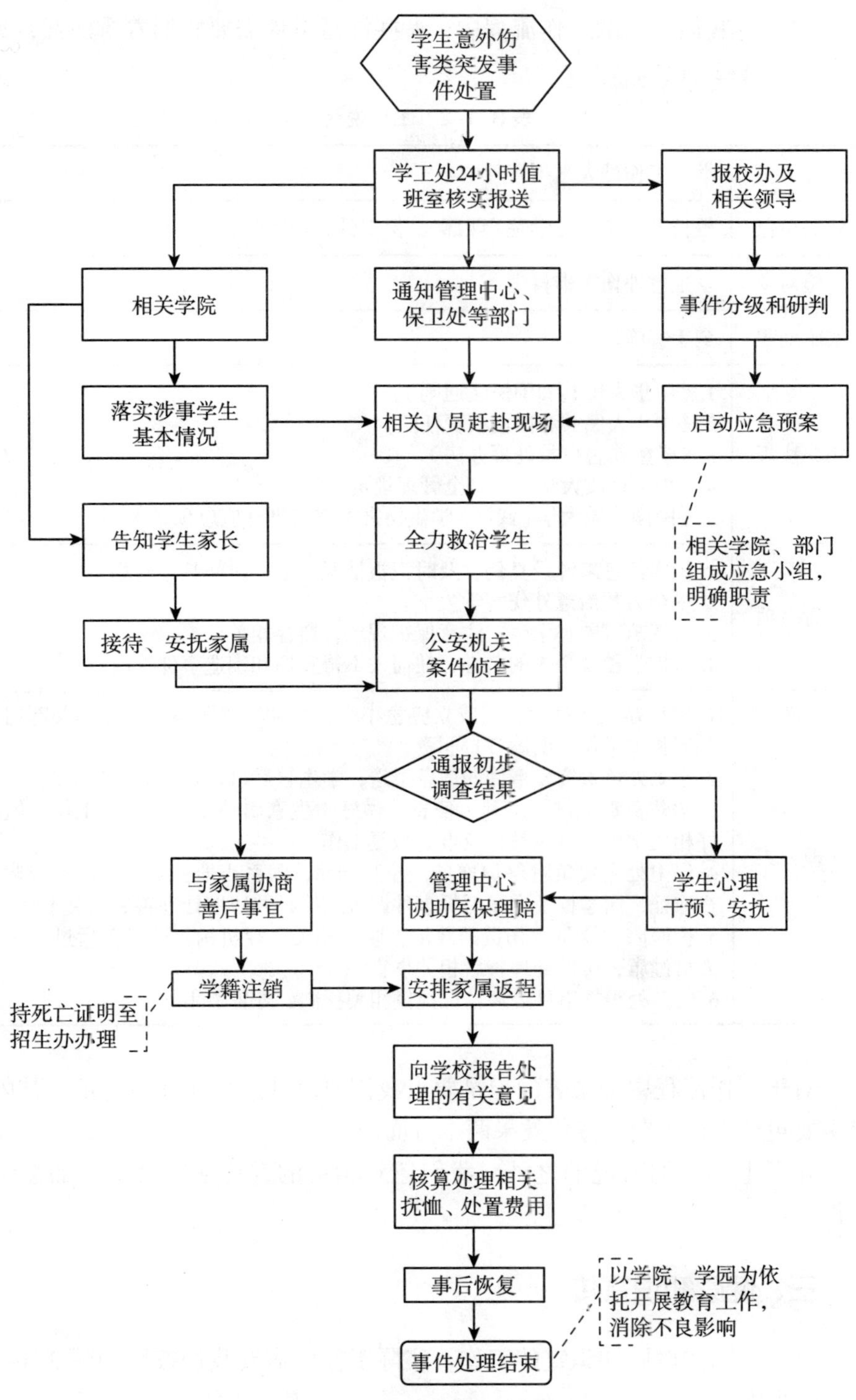

图 3-1-2　意外伤害时间处理流程

在上述我们所说的工作流程中，一些注意事项需要我们着重注意，具体如表 3–1–2 所示。

表 3–1–2　工作说明

承办人员	学生工作处大学生管理中心
相关单位	校长办公室、各学院（课部）、保卫处、校医院、财务处
实施对象	发生意外伤害本科生
实施期程	全年实施
相关法规	1.《中华人民共和国民法通则》 2.《中华人民共和国侵权责任法》 3.《学生伤害事故处理办法》 4.《中国地质大学学生安全管理规定》 5.《中国地质大学（武汉）学生伤害类突发事件应急预案》
注意事项	1. 核实信息来源及真伪，及时汇报情况，第一时间赶赴现场 2. 尽全力救治意外伤害学生 3. 安抚疏散围观学生，注意保护现场，留存相关证据 4. 保护学校及个人的名誉，任何人不得宣扬和编造事件缘由
办理方式	1. 校长办公室负责组织成立应急小组，启动应急预案，通知相关部门开展相关工作，明确各自职责 2. 学工处负责突发事件的信息报送，学生善后事宜及相关部门协调 3. 学院负责提供学生基本信息，做好学生家属的接待与安抚工作，做好相关学生的思想教育及事后恢复工作 4. 保卫处主要负责保护现场，控制局面，联系当地公安机关，配合调查取证，向学校及家属汇报事件调查结果，并协助处理善后相关事宜 5. 校医院主要负责伤员的救治，联系相关医疗机构，监测善后过程中人员健康，协助处理善后相关事宜 6. 财务处根据事件处理情况提供相关抚恤、处置费用

对于工作流程中记录表的记录要点我们要对其进行详细地记录，其内容主要包括宣传主题与宣传效果两个方面。

除了上述我们所说的之外，我们还对相关的宣传活动做最后的总结工作。

三、健康知识宣传

对于学园的健康知识宣传工作，实际工作中需要我们按照如图 3–1–3 所示的程序进行。

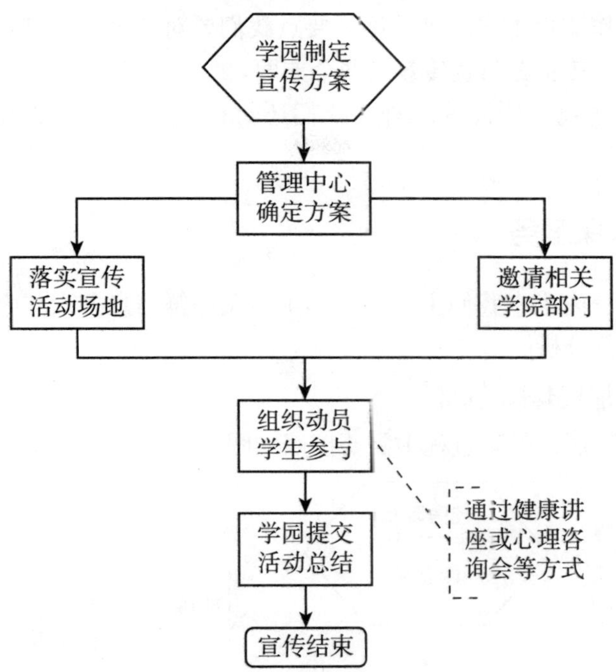

图 3–1–3　健康知识宣传流程

在上述我们所说的工作流程中，一些注意事项需要我们着重注意，具体如表 3–1–3 所示。

表 3–1–3　工作说明

承办人员	学生工作处大学生管理中心
相关单位	各学院（课部）、校医院
实施对象	各学生园区
实施期程	全年实施
相关法规	《中国地质大学学生安全管理规定》
注意事项	1. 注意做好活动的宣传工作，提高学生参加的积极性 2. 及时了解学生的健康动态信息，并做好相关生理、心理预防工作 3. 做好相关部门及学生的协调工作
办理方式	1. 学工处管理中心指导学园开展健康知识宣传，提供必要支持 2. 学园按目前健康宣传需求邀请校医院或心理咨询中心开展相关讲座或咨询会 3. 各学园通过宿舍走访、海报横幅开展讲座、咨询会宣传工作 4. 各学院应鼓励学生参加相关健康讲座，提高自身防范意识 5. 学园向管理中心提交健康知识宣传活动报告或相关材料

对于工作流程中记录表的记录要点我们要对其进行详细地记录，其内容主要包括宣传主题与宣传效果两个方面。

除了上述我们所说的之外，我们还对相关的宣传活动做最后的总结工作。

四、医保服务

在这部分内容中我们主要针对学生居民保鲜信息办理与学生商业医疗保险办理进行分析。

（一）居民保险办理

办理学生居民保险过程中需要按照如图 3–1–4 所示的程序进行。

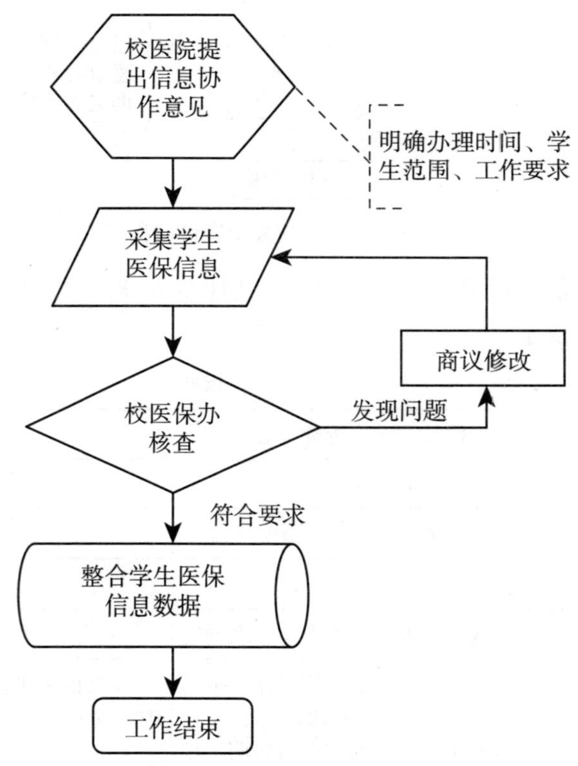

图 3–1–4　办理学生居民保险流程

在上述我们所说的工作流程中，一些注意事项需要我们着重注意，具体如表 3–1–4 所示。

表 3–1–4　工作说明

承办人员	学生工作处大学生管理中心
相关单位	校医院
实施对象	全日制普通本科生
实施期程	每年 9 月
相关法规	1.《中国地质大学学生基本医疗保障制度实施办法（施行）》 2.《武汉市大学生医疗保障的有关问答》 3.《完善学生医疗保障体系、加强医疗保障工作会议纪要》
注意事项	1. 学生医保信息采集应确保准确无误 2. 医保信息整合报送须及时高效
办理方式	1. 校医院向学工处提出书面协作意见 2. 学工处管理中心通过学籍信息库及新生学籍卡采集学生信息 3. 涉及学生个别信息处理时，由医保办或学生本人直接处理

对于工作流程中记录表的记录要点我们要对其进行详细地记录，其内容主要包括学生个人信息与学生学籍信息两点。

除了上述我们所说的之外，我们还需要准备在校学生医疗保险信息统计表，具体内容如表 3–1–5 所示。

表 3–1–5　在校学生医疗保险信息统计表

序号	身份证	学号	姓名	院系	专业	班级	学生类别

（二）商业保险办理

办理学生居民保险过程中需要按照如图 3–1–5 所示的程序进行。

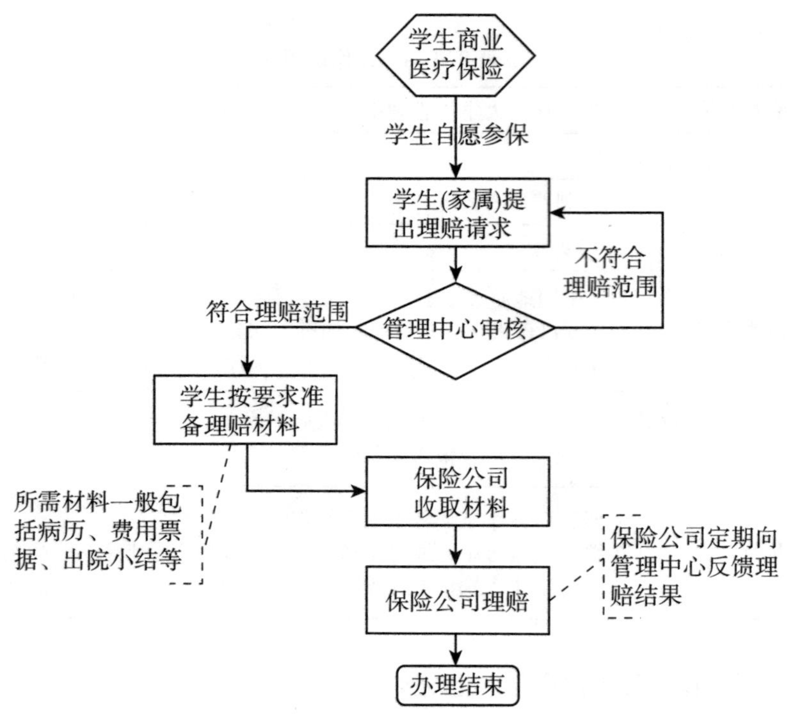

图 3–1–5　办理学生居民保险流程

在上述我们所说的工作流程中，一些注意事项需要我们着重注意，具体如表 3–1–6 所示。

表 3–1–6　工作说明

承办人员	学生工作处大学生管理中心
相关单位	各学院 (课部)、保险公司
实施对象	全日制普通本科生
实施期程	全年可办理，一个月内办结
相关法规	1.《中华人民共和国保险法》 2.《完善学生医疗保障体系、加强医疗保障工作会议纪要》
注意事项	1. 学生同时购买居民医保和商业医保的，应先行理赔居民医保 2. 商业医保办理确保准确、及时、高效 3. 定期统计保险公司理赔结果，确保服务质量
办理方式	1. 管理中心依据投保名单审核学生是否参保 2. 学生按要求整理理赔材料，保险公司定期到学校上门收取 3. 保险公司内部审核理赔申请，直接向学生或家长支付理赔金，并将理赔结果反馈至管理中心

对于工作流程中记录表的记录要点我们要对其进行详细地记录，其内容主要包括理赔学生个人信息、理赔事由与理赔金额三个方面。

除了上述我们所说的之外，我们还需要准备学校商业保险投保协议与学生保险理赔证明材料。

第二节　纪律教育与行为规范

一、学生的权益保障

学生权益的保障主要表现在两个方面，一是学生在学习生活中诉求的处理，二是学生违纪处理的申诉。

（一）学习生活中诉求处理

在学生的日常管理中，有时我们会遇到以下在学生生活中的诉求，这与这些情况的处理我们要遵循一定的流程，具体如图 3-2-1 所示。

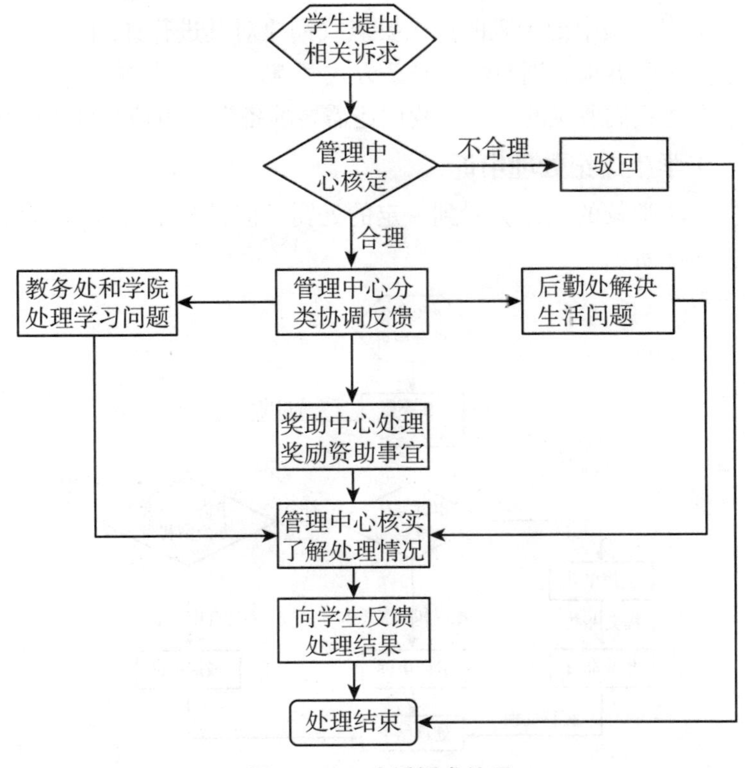

图 3-2-1　生活诉求处理

在上述我们所说的工作流程中，一些注意事项需要我们着重注意，具体如表 3–2–1 所示。

表 3–2–1　工作说明

承办人员	学生工作处大学生管理中心
相关单位	教务处、后勤保障处、各学院（课部）
实施对象	提出学习生活诉求的本科生
实施期程	全年可办理，一个月内办结
相关法规	1.《普通高等学校学生管理规定》 2.《中国地质大学（武汉）本科生住宿管理办法（修订）》 3.《中国地质大学（武汉）本科生勤工助学实施办法》 4.《中国地质大学（武汉）本科生临时困难补助实施办法》
注意事项	1. 驳回学生明显不合理诉求时须耐心解释说明原因 2. 管理中心按诉求类别向相关部门反映学生诉求 3. 学生合理诉求暂时无法满足也应当向学生及时反馈
办理方式	1. 接收到学生学习生活诉求后核定诉求是否合理 2. 对合理诉求分类，确保信息能够畅达 3. 形成处理结果及时反馈学生

对于工作流程中记录表的记录要点我们要对其进行详细地记录，其内容主要包括学生诉求类别与学生联系方式两点。

除了上述我们所说的之外，我们还需要准备学生申请与处理结果。

（二）学生违纪处理申诉

学生违法学校的纪律会受到一定的处罚，但是学生有权申诉，具体流程如图 3–2–2 所示。

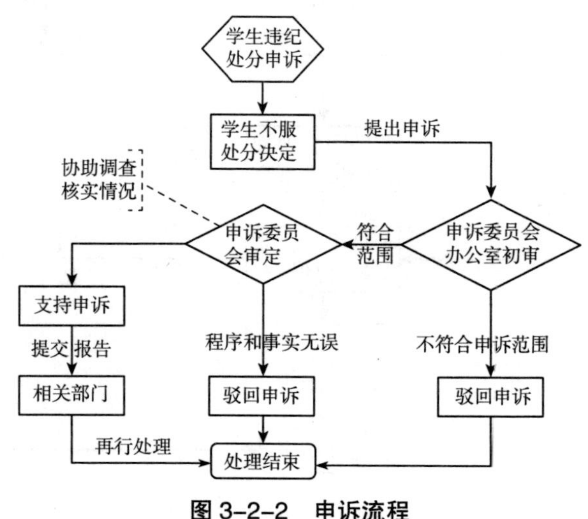

图 3–2–2　申诉流程

在上述我们所说的工作流程中，一些注意事项需要我们着重注意，具体如表 3-2-2 所示。

表 3-2-2 工作说明

承办人员	校团委申诉委员会办公室
相关单位	申诉委员会、各学院（课部）、校长办公室、教务处
实施对象	对违纪处分提出申诉的本科生
实施期程	全年可办理，一个月内办结
相关法规	1.《普通高等学校学生管理规定》 2.《中国地质大学学生违纪处分实施办法》 3.《中国地质大学本科生课程考核违规处理办法（试行）》
注意事项	1. 学生自处理决定送达之日起 5 个工作日内可提出申诉 2. 申诉范围包括事实不符、程序错误等
办理方式	1. 申诉委员会对符合条件的申诉展开调查，学工处、学院及其他相关部门协助调查核实情况 2. 对于事实或程序确有错误的，申诉委员会出具调查报告 3. 校长办公室、学工处等部门根据申诉委员会所提交报告对处分再行处理确认

对于工作流程中记录表的记录要点我们要对其进行详细地记录，其内容主要包括学生申诉事由与学生联系方式两点。

除了上述我们所说的之外，我们还需要准备学生处分决定文件与学生申诉申请书。

二、学生的退学处理

通常情况下，学生退学需要遵循一定的流程，具体如图 3-2-3 所示为申请退学办理的流程，但是在实际工作中，会遇到不同的原因而退学的学生，其在处理过程中会有一些差异。

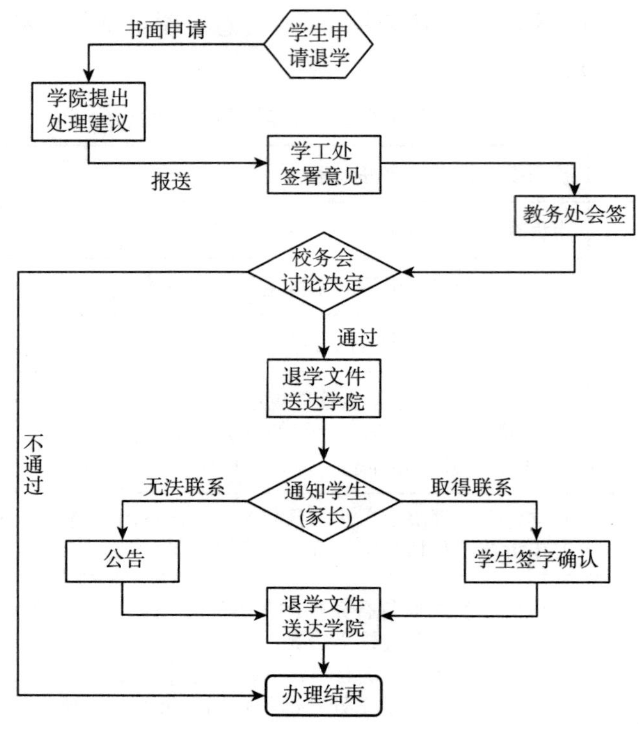

图 3-2-3　退学处理流程

在上述我们所说的工作流程中，一些注意事项需要我们着重注意，具体如表 3-2-3 所示。

表 3-2-3　工作说明

承办人员	学生工作处大学生管理中心
相关单位	教务处、校长办公室、各学院（课部）
实施对象	因故申请退学本科生
实施期程	全年可办理，两周内办结
相关法规	1.《普通高等学校学生管理规定》 2.《学生违纪、退学及学籍管理工作会议纪要》
注意事项	1. 处理程序严格按照校纪校规，文件下发、情况通报务必及时 2. 学生自动申请退学须备注家长意见 3. 确保通知文件及时送达学生手中，采取公告送达须在校内公告一周，并留存相关图文材料证据
办理方式	1. 学院初审学生退学申请，与学生家长联系确认，学院讨论以后签署意见，并将学生退学申请材料及学院意见提交学工处处理 2. 学工处审核退学材料及学院意见，教务处会签后报校务会审定 3. 学院将退学文件送达学生，学生办理离校手续

对于工作流程中记录表的记录要点我们要对其进行详细地记录，其内容主要包括学生及家长联系方式与学院处理建议两点。

除了上述我们所说的之外，我们还需要准备学生退学申请材料与退学决定文件。

（一）生病退学处理

对于因生病而退学的学生来说，在办理退学的过程中要遵循一定的流程，具体如图 3-2-4 所示。

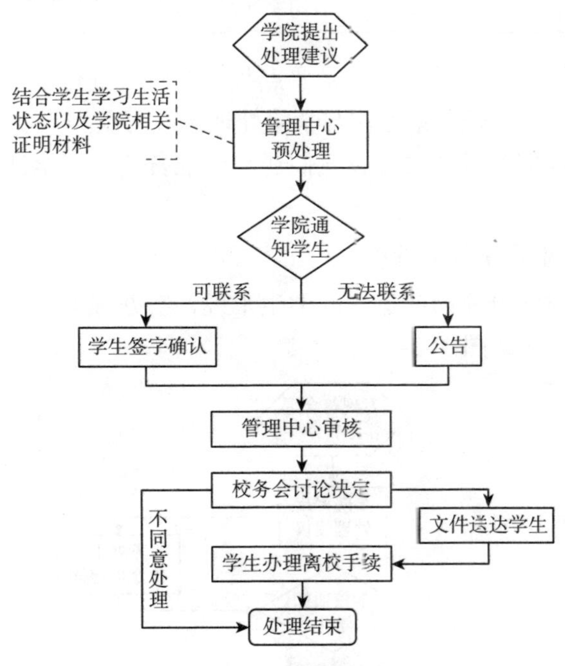

图 3-2-4 退学流程

在上述我们所说的工作流程中，一些注意事项需要我们着重注意，具体如表 3-2-4 所示。

表 3-2-4 工作说明

承办人员	学生工作处大学生管理中心
相关单位	各学院（课部）、校长办公室、申诉委员会
实施对象	需给予退学处理本科生
实施期程	全年可办理，一个月内办结
相关法规	1.《普通高等学校学生管理规定》 2.《学生违纪、退学及学籍管理工作会议纪要》 3.《中国地质大学（武汉）本科生学籍注册管理办法》 4.《中国地质大学（武汉）学分制实施办法（修订）》

续表

注意事项	1. 处理程序严格按照校纪校规，文件下发、情况通报务必及时 2. 确保通知文件及时送达学生手中，采取公告送达须在校内公告一周，并留存相关图文材料证据 3. 学生自处理决定送达之日起 5 个工作日内可提出申诉
办理方式	1. 学院及时清查因注册休学离校生病等问题符合退学条件的学生，提出退学处理意见，并附相关证明材料报学工处 2. 学工处签发预处理通知，综合学生意见后，报校务会讨论决定 3. 校务会做出退学决定后由学院送达学生，学生办理离校手续

对于工作流程中记录表的记录要点我们要对其进行详细地记录，其内容主要包括学生及家长联系方式与学院处理建议两点。

除了上述我们所说的之外，我们还需要准备给予退学证明材料与退学决定文件。

（二）学时学分退学处理

对于因学时学分原因而退学的学生来说，在办理退学的过程中要遵循一定的流程，具体如图 3-2-5 所示。

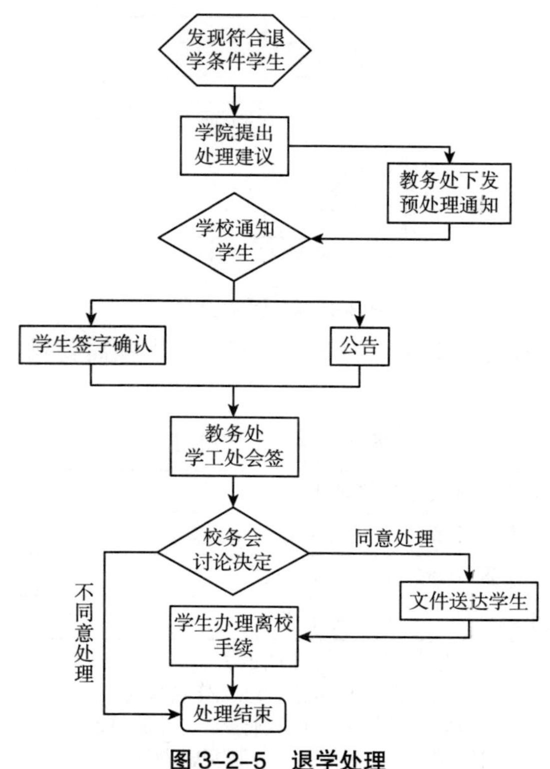

图 3-2-5　退学处理

在上述我们所说的工作流程中，一些注意事项需要我们着重注意，具体如表 3–2–5 所示。

表 3–2–5　工作说明

承办人员	教务处学籍与信息管理科、学生工作处大学生管理中心
相关单位	校长办公室、各学院（课部）、申诉委员会
实施对象	需给予退学处理本科生
实施期程	全年可办理，一个月内办结
相关法规	1.《普通高等学校学生管理规定》 2.《学生违纪、退学及学籍管理工作会议纪要》 3.《中国地质大学（武汉）学分制实施办法（修订）》
注意事项	1. 处理程序严格按照校纪校规，文件下发、情况通报务必及时 2. 确保通知文件及时送达学生手中，采取公告送达须在校内公告一周，并留存相关图文材料证据 3. 学生自处理决定送达之日起 5 个工作日内可提出申诉
办理方式	1. 学院和学工处实时掌握学生学时学分情况，发现符合退学条件的由学院向教务处提出处理申请 2. 教务处根据学院意见签发预处理通知，学生签字后报校务会讨论 3. 校务会做出退学决定后由学院送达学生，学生办理离校手续

对于工作流程中记录表的记录要点我们要对其进行详细地记录，其内容主要包括学生及家长联系方式与学院处理建议两点。

除了上述我们所说的之外，我们还需要准备给予退学证明材料与退学决定文件。

三、学生的日常行为管理

（一）优良行为奖励

对于优良的学生会适当予以奖励，其奖励需要遵循一定的流程，具体如图 3–2–6 所示。

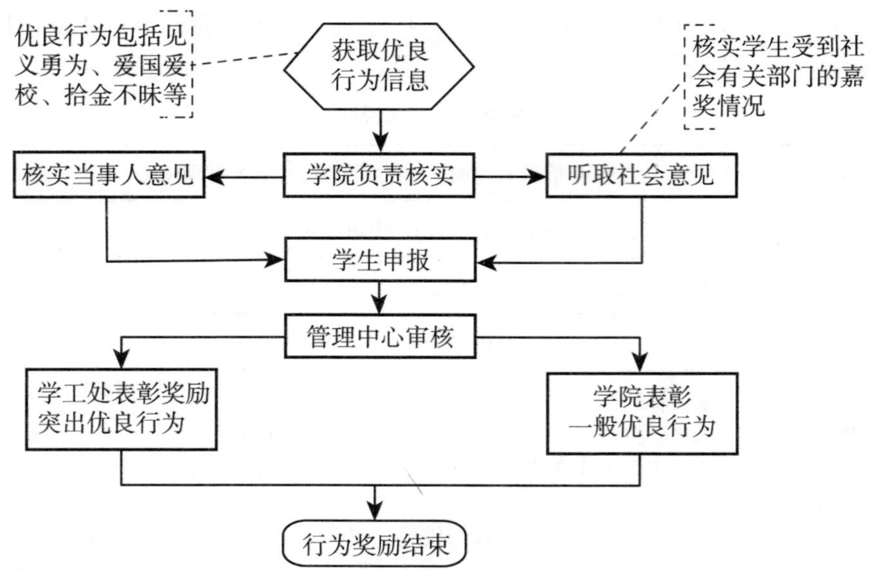

图 3–2–6　奖励流程

在上述我们所说的工作流程中，一些注意事项需要我们着重注意，具体如表 3–2–6 所示。

表 3–2–6　工作说明

承办人员	学生工作处大学生管理中心
相关单位	各学院（课部）
实施对象	行为优良本科生
实施期程	全年可办理，两周内办结
相关法规	《中国地质大学大学生日常奖励办法（试行）》
注意事项	1. 严格核实学生的优良行为是否属实 2. 奖励注重物质和精神双重层面，树立典型 3. 要做好宣传教育工作
办理方式	1. 单位或个人获取学生优良行为信息后可报该生所在学院 2. 各学院负责核实学生的优良行为是否属实，查证后可安排学生申报优良行为奖励 3. 奖励形式为物质奖励或颁发荣誉证书

对于工作流程中记录表的记录要点我们要对其进行详细地记录，其内容主要包括优良行为类型与奖励方式两点。

除了上述我们所说的之外，我们还需要准备一份学生优良行为奖励申报表，其具体内容如表 3–2–7 所示。

表 3-2-7　学生优良行为奖励申报表

姓名		学院		班级		注册学号	
专业				联系电话			
奖励事由							

（二）日常违纪处理

对于学生日常行为违纪的处理，通常情况下，我们要遵循图 3-2-7 中所示的处理流程。

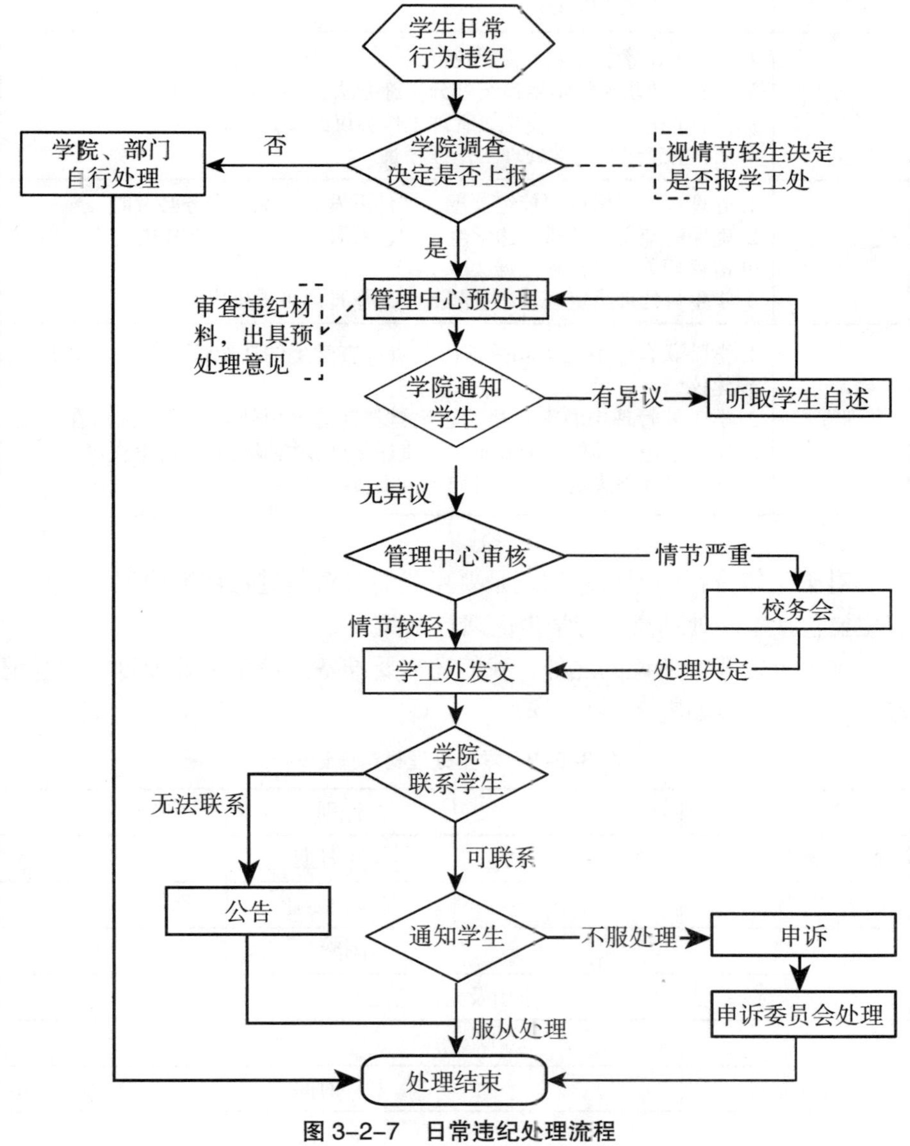

图 3-2-7　日常违纪处理流程

在上述我们所说的工作流程中，一些注意事项需要我们着重注意，具体如表 3–2–8 所示。

表 3–2–8　工作说明

承办人员	学生工作处大学生管理中心
相关单位	各学院 (课部)、校长办公室、申诉委员会
实施对象	日常行为违纪本科生
实施期程	全年可办理，警告、严重警告和记过处分两周内办结，留校察看以上处分，一个月内办结
相关法规	1.《普通高等学校学生管理规定》 2.《中国地质大学学生违纪处分实施办法》 3.《学生违纪、退学及学籍管理工作会议纪要》 4.《学生违纪及退学处理工作程序》
注意事项	1. 处理程序严格按照校纪校规，文件下发、情况通报务必及时 2. 确保通知文件及时送达学生手中，采取公告送达须在校内公告一周，并留存相关图文材料证据 3. 学生自处理决定送达之日起 5 个工作日内可提出申诉
办理方式	1. 学院联合保卫处等相关部门负责调查学生的违纪情况，出具书面处理建议 2. 学工处管理中心审查相关违纪材料并提出预处理意见，向所在学院下发学生违纪预处理通知单，严重违纪处分须报校务会讨论决定 3. 学生对处理决定不服，可向申诉委员会申诉

对于工作流程中记录表的记录要点我们要对其进行详细地记录，其内容主要包括学院处理意见与学生反馈意见两点。

除了上述我们所说的之外，我们还需要准备一份学生处理材料的登记表，其具体内容如表 3–2–9 所示。

表 3–2–9　学生处理材料登记表

<table>
<tr><td>学生姓名</td><td></td><td>性别</td><td></td></tr>
<tr><td>籍贯</td><td></td><td>出生日期</td><td></td></tr>
<tr><td>民族</td><td></td><td>学院及专业</td><td></td></tr>
<tr><td>班级</td><td></td><td>学籍号</td><td></td></tr>
<tr><td colspan="4">事由及处理意见</td></tr>
<tr><td colspan="4"></td></tr>
<tr><td>送件时间</td><td></td><td>收件时间</td><td></td></tr>
</table>

续表

送件人		收件人	
学工处意见			
学校意见			
备注			

当然，在必要的情况下我们有时还需要准备学生日常违纪行为证明材料与预处理通知书等，具体视情况而定。

（三）返校情况检查

对于学生的返校情况来说，在实际的检查工作中我们也要遵循一定的流程，具体如图 3-2-8 所示。

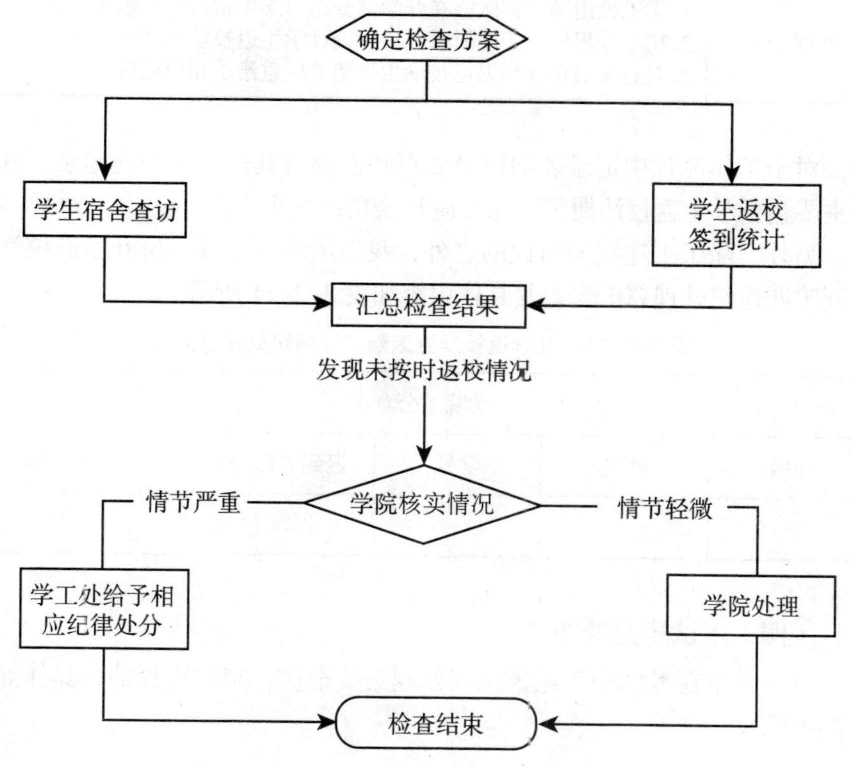

图 3-2-8　返校检查工作流程

对于整个工作流程中的一些注意事项，我们要引起注意，具体内容如表 3-2-10 所示。

表 3-2-10　工作注意事项

承办人员	学生工作处大学生管理中心
相关单位	各学院（课部）
实施对象	全日制普通本科生
实施期程	每学期开学第一周
相关法规	《中国地质大学（武汉）学分制实施办法（修订）》
注意事项	1. 宿舍走访由处领导带队，应尽量覆盖每个楼栋 2. 违规延迟返校达一周以上视为情节严重
办理方式	1. 学工处由领导带队，在开学前分组对学生宿舍进行现场查访 2. 招生办根据电子注册系统负责统计学生返校签到情况 3. 对查实的违规延迟返校学生视情节轻重给予相应处理

对于工作流程中记录表的记录要点我们要对其进行详细地记录，其内容主要包括学生返校注册情况与学院核实情况两个方面。

另外，除了上述我们所说的之外，我们还需要准备一份开学返校学生迟到旷课违纪处理总汇表，其具体内容如表 3-2-11 所示。

表 3-2-11　开学返校学生迟到旷课违纪处理总汇表

学院（公章）				
年级	姓名	学号	迟到旷课违纪详情	处理结果

（四）考试违纪处理

对于学生在考试中违纪来说其处理是要遵循一定的流程的，具体如图 3-2-9 所示。

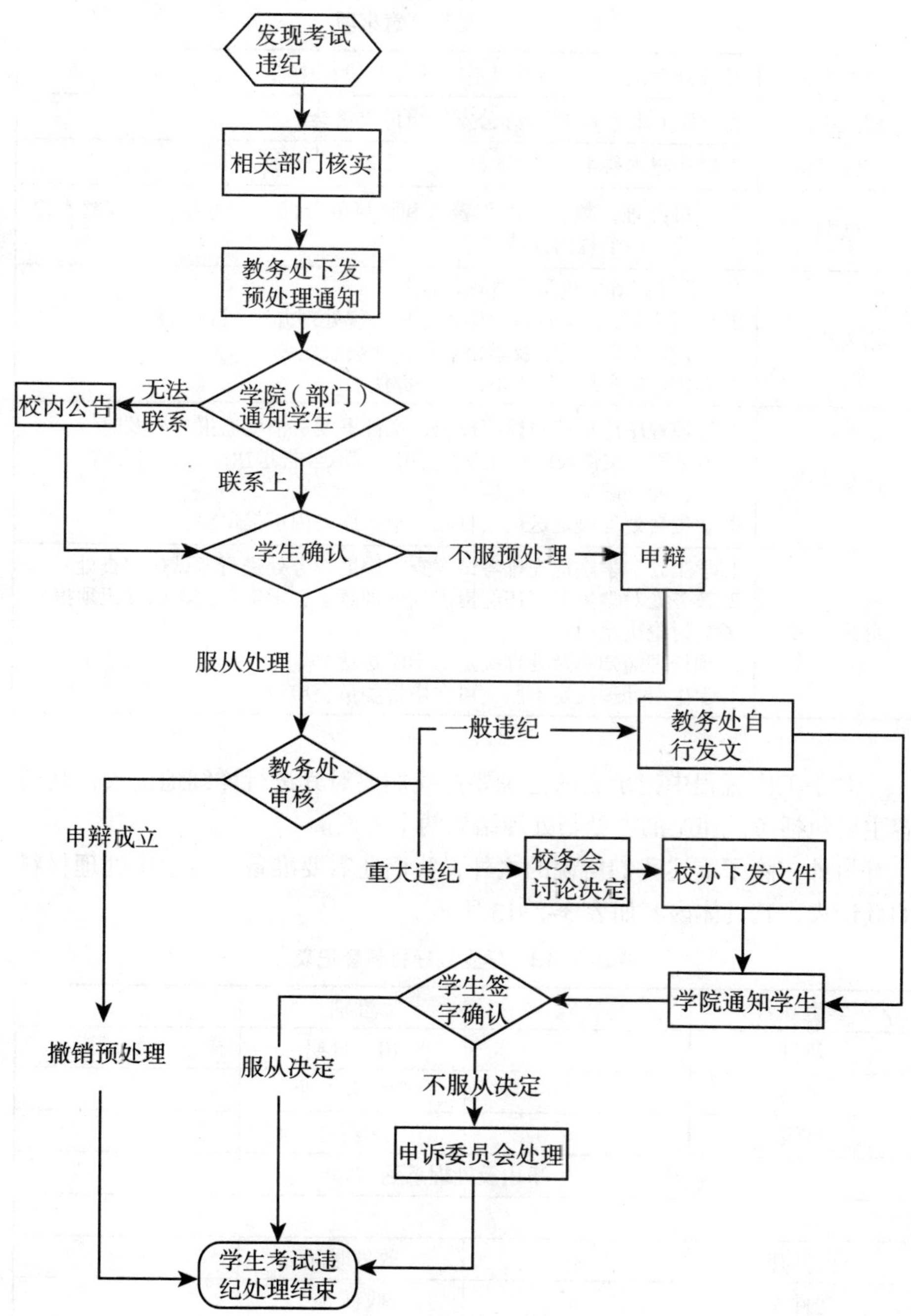

图 3-2-9　违纪处理流程

在整个对违纪的处理流程中，如表 3-2-12 中所示的事项需要我们在处理的过程中着重注意。

表 3-2-12　处理注意事项

承办人员	教务处考试中心、学生工作处大学生管理中心
相关单位	各学院（课部）、校长办公室、申诉委员会
实施对象	考试违纪本科生
实施期程	全年可办理，警告、严重警告和记过处分两周内办结，留校察看以上处分，一个月内办结
相关法规	1.《普通高等学校学生管理规定》 2.《中国地质大学本科生课程考核违规处理办法（试行）》 3.《学生违纪、退学及学籍管理工作会议纪要》 4.《中国地质大学学生申诉处理办法》
注意事项	1. 处理程序严格按照校纪校规，文件下发、情况通报务必及时 2. 确保通知文件及时送达学生手中，采取公告送达须在校内公告一周，并留存相关图文材料证据 3. 学生自处理决定送达之日起 5 个工作日内可提出申诉
办理方式	1. 学工处、学院均安排考试巡查，协助教务处进行考试违纪查处。 2. 教务处对学生考试违纪提出预处理意见，学生重大考试违纪须报校务会讨论决定 3. 预处理通知单及处理决定由学院送达学生 4. 学生对处理决定不服，可向申诉委员会申诉

对于工作流程中记录表的记录要点我们要对其进行详细地记录，其内容主要包括考试违纪的类型与处理结果两个方面。

另外，除了上述我们所说的之外，我们还需要准备一份学生处理材料的登记表，其具体内容如表 3-2-13 所示。

表 3-2-13　学生处理材料登记表

学生姓名		性别	
籍贯		出生日期	
民族		学院及专业	
班级		学籍号	
事由及处理意见			
送件时间		收件时间	
送件人		收件人	
学工处意见			
学校意见			
备注			

在必要的情况下我们有时还需要准备学生开始违纪行为证明材料与预处理通知书等，具体视情况而定。

（五）早操管理

1. 组织早操

早操的管理也在学生的日常行为管理范围之内，对于早操的管理首先我们要做的就是组织早操，在这个过程中要遵循如图 3–2–10 所示的流程来进行管理。

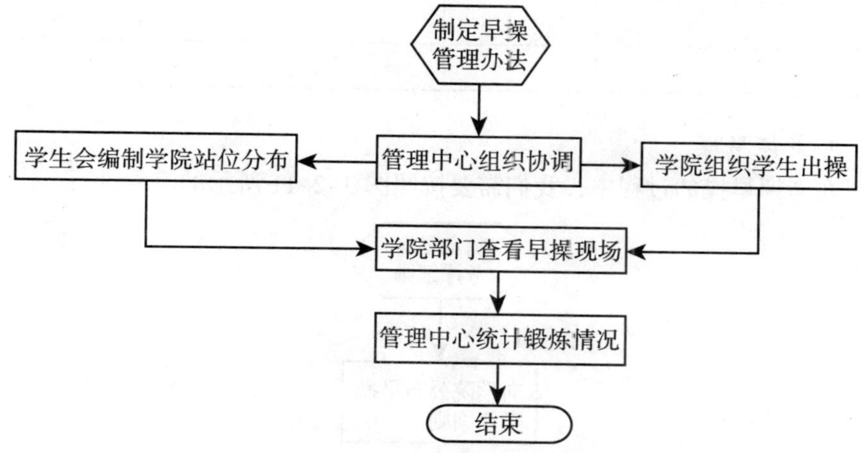

图 3–2–10　早操管理流程

在整个对违纪的处理流程中，如表 3–2–14 中所示的事项需要我们在处理的过程中着重注意。

表 3–2–14　处理注意事项

承办人员	学生工作处大学生管理中心
相关单位	各学院（课部）、学生会
实施对象	一、二年级本科生
实施期程	全年实施
相关法规	《中国地质大学（武汉）学生集体早锻炼管理办法》
注意事项	1. 各学院要求一、二年级学生必须按时出操 2. 学生以学院为单位按规定区域站位 3. 学院须安排领操人员领操
办理方式	1. 管理中心协调相关部门积极开展早操组织 2. 各学院负责组织学生按规定出操，并安排老师现场管理 3. 学生会制定考核标准，编排学生站位地点，公平公正考核 4. 管理中心统计掌握早锻炼开展状况，及时反馈各学院

对于工作流程中记录表的记录要点我们要对其进行详细地记录，其内容主要包括学院早操站位安排与领操人员名单两个方面。

另外，除了上述我们所说的之外，我们还需要准备一份学生集体早操锻炼检查统计表，其具体内容如表 3-2-15 所示。

表 3-2-15 学生集体早操锻炼检查统计表

名次	学院	出勤分	早操分	平均分	辅导员出操

2. 考评早操

在考评早操的过程中，我们需要按照图 3-2-11 所示的流程进行。

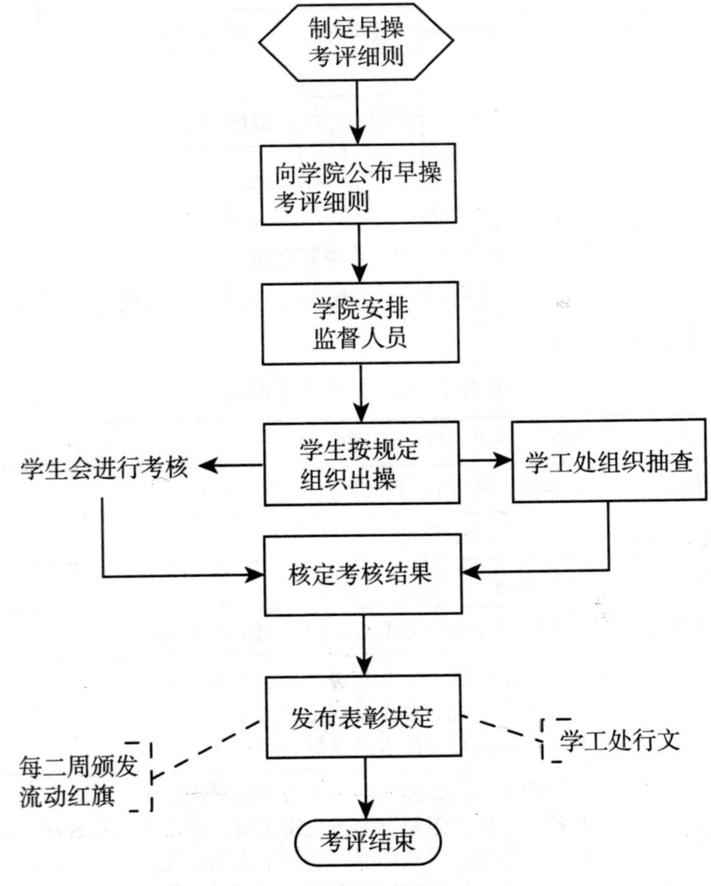

图 3-2-11 考评早操流程

在整个对违纪的处理流程中，如表 3-2-16 中所示的事项需要我们在处理的过程中着重注意。

表 3-2-16　处理注意事项

承办人员	学生工作处大学生管理中心
相关单位	学生会、各学院（课部）
实施对象	一、二年级本科生
实施期程	全年实施
相关法规	1.《中国地质大学（武汉）学生集体早锻炼管理办法》 2.《中国地质大学（武汉）早操检查办法》
注意事项	1. 严格实施学校管理办法 2. 学院按要求组织学生参加活动，严格考勤制度 3. 考评公正公开，奖惩分明
办理方式	1. 各学院开展早锻炼自查，学生会全面检查 2. 学工处安排值周领导巡查早操现场 3. 每二周管理中心汇总学工处和学生会检查结果 4. 向优秀学院颁发流动红旗，并及时通报

对于工作流程中记录表的记录要点我们要对其进行详细地记录，其内容主要包括学院出勤率与早操的质量两个方面。

另外，除了上述我们所说的之外，我们还需要准备一份学生会考核材料与早锻炼表彰决定。

第三节　民族学生服务与管理

一、日常事务服务

对于民族学生的日常事务来说，在进行中我们需要按照图 3-3-1 所示的程序来管理。

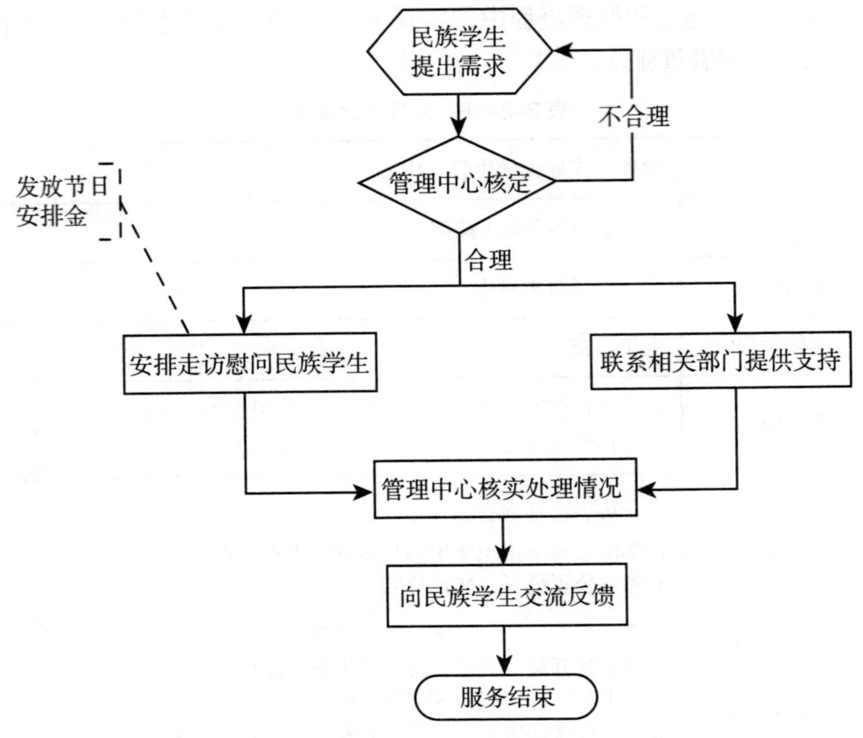

图 3–3–1　民族学生日常事务管理流程

在整个对违纪的处理流程中，如表 3–3–1 中所示的事项需要我们在处理的过程中着重注意。

表 3–3–1　处理注意事项

承办人员	学生工作处大学生管理中心
相关单位	后勤处、各学院(课部)
实施对象	全 13 制普通本科民族学生
实施期程	全年实施，一个月内办结
相关法规	1.《国务院关于深化改革加快发展民族教育的决定》 2.《关于加强少数民族学生工作的实施办法》
注意事项	1. 要认真掌握了解民族学生需求 2. 要掌握科学的工作方法，耐心解释说明
办理方式	1. 深入民族学生群体，了解民族学生切实需求 2. 及时回应民族学生的需求，联合相关部门协调处理合理需求 3. 及时将处理结果向民族学生反馈说明

对于工作流程中记录表的记录要点我们要对其进行详细地记录，其内容主要包括民族学生需求类别与处理结果两个方面。

另外，除了上述我们所说的之外，我们还需要准备一份关于民族学生的申请材料。

二、学生活动管理

对于民族学生来说，其活动在某些方面与汉族的学生是有所差异的，因此在对民族学生活动进行管理时，我们需要按照如图 3-3-2 所示程序进行。

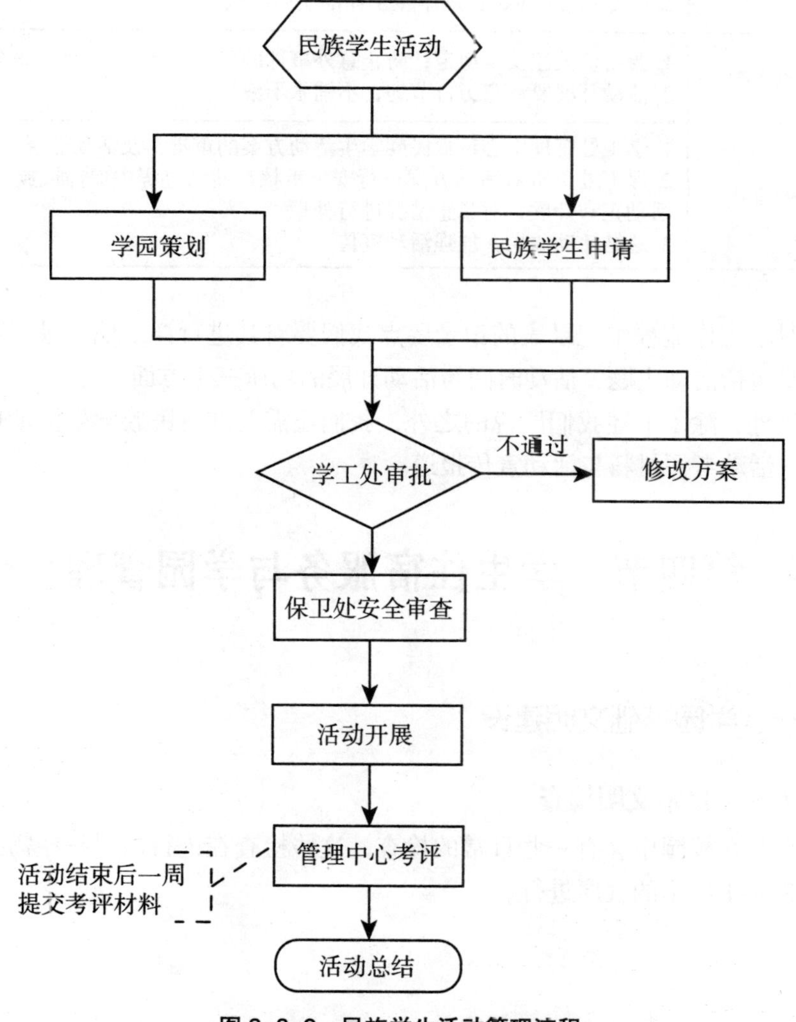

图 3-3-2　民族学生活动管理流程

在整个对违纪的处理流程中，如表 3–3–2 中所示的事项需要我们在处理的过程中着重注意。

表 3–3–2　处理注意事项

承办人员	学生工作处大学生管理中心
相关单位	保卫处
实施对象	全日制普通本科生
实施期程	全年实施，一周内办结
相关法规	1.《国务院关于深化改革加快发展民族教育的决定》 2.《关于加强少数民族学生工作的实施办法》
注意事项	1. 要密切关注安全稳定，防止意外事件的发生。 2. 活动开展要注意厉行节约，不铺张不浪费
办理方式	1. 学工处管理中心负责民族学生活动方案的审批，及活动监督 2. 保卫处负责对活动方案进行安全审核，活动过程中保障民族学生活动正常开展，对紧急情况进行处理 3. 总结活动成果，加强活动宣传

对于工作流程中记录表的记录要点我们要对其进行详细地记录，其内容主要包括活动主题、活动时间与活动开展的场所三个方面。

另外，除了上述我们所说的之外，我们还需要准备民族学生活动申请材料、活动考评材料与活动宣传报道。

第四节　学生住宿服务与学园管理

一、学园基础文明建设

（一）日常文明检查

平时在校园中会有一些日常的检查，这些检查在进行的过程中需按照如图 3–4–1 所示的程序进行。

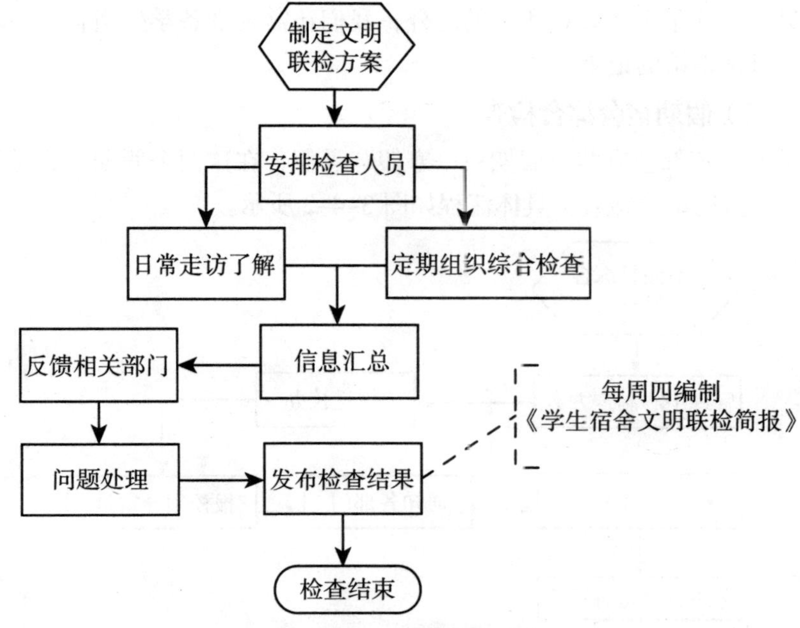

图 3-4-1　日常检查流程

在整个对违纪的处理流程中，如表 3-4-1 中所示的事项需要我们在处理的过程中着重注意。

表 3-4-1　处理注意事项

承办人员	学生工作处大学生管理中心
相关单位	各学院(课部)、后勤保障处、保卫处
实施对象	全日制普通本科生
实施期程	全年实施，每两周开展一次
相关法规	1.《中国地质大学本科生住宿管理办法(修订)》 2.《学生宿舍文明联检卫生评定细则》
注意事项	1. 要耐心做好学生沟通解释工作 2. 积极与各部门相互配合，发现隐患及时处理 3. 检查要做到公平公正
办理方式	1. 学生管理中心组织人员到宿舍走访检查，发现问题及时向相关学院、部门反馈处理 2. 学院针对检查发现的问题，加强学生教育和管理，配合学工处、保卫处查处学生违纪行为，定期安排老师到宿舍走访查看 3. 保卫处负责维护学园住宿秩序，调节学生纠纷，排除安全隐患 4. 后勤保障处负责处理检查发现的物业管理及维护问题

对于工作流程中记录表的记录要点我们要对其进行详细地记录，其内容主要包括检查人员的安排与问题的处理结果两个方面。

另外，除了上述我们所说的之外，我们还需要准备学生宿舍文明联检简报与日常走访的记录。

（二）假期宿舍综合检查

学生每年都会有两个假期——寒假与暑假，在这两个假期中，学校需要对宿舍进行综合检查，具体流程如图 3-4-2 所示。

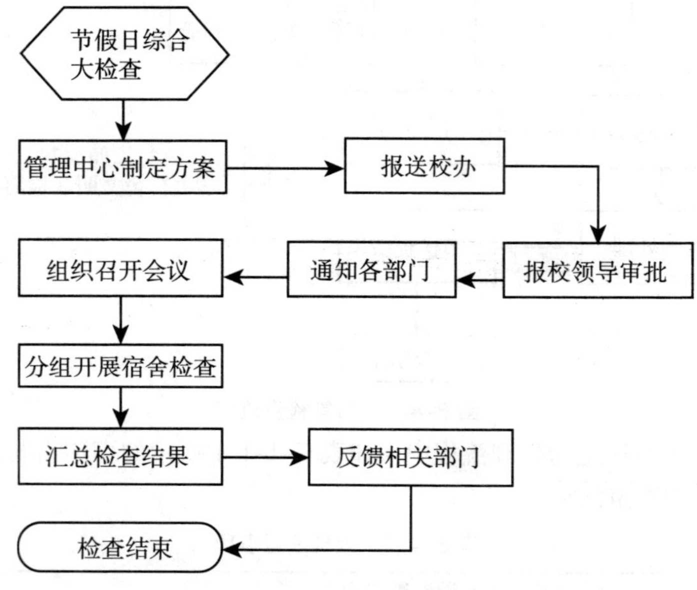

图 3-4-2　假期检查流程

在整个对违纪的处理流程中，如表 3-4-2 中所示的事项需要我们在处理的过程中着重注意。

表 3-4-2　处理注意事项

承办人员	学生工作处大学生管理中心
相关单位	校长办公室、各学院（课部）、校团委、保卫处、后勤保障处
实施对象	全日制普通本科生
实施期程	五一、国庆、元旦等重大节假日前一周
相关法规	《中国地质大学本科生住宿管理办法（修订）》
注意事项	1. 参加人员要认真负责，发现问题及时登记汇报 2. 佩戴工作证文明检查，认真听取学生意见，耐心解答学生问题 3. 各部门、学院针对学生宿舍存在的问题要及时处理
办理方式	1. 校长办公室通知校领导及学工处、各学院、研工部、校团委、保卫处、后勤保障处等相关部门召开动员大会 2. 参加检查人员按检查方案查访宿舍楼，并将检查情况报管理中心 3. 管理中心汇总检查结果，编制简报，发现问题及时处理或向相关部门反馈

对于工作流程中记录表的记录要点我们要对其进行详细地记录，其内容主要包括检查人员的安排与检查结果两个方面。

另外，除了上述我们所说的之外，我们还需要准备一份宿舍检查情况登记表，具体内容如表 3–4–3 所示。

表 3–4–3　宿舍检查情况登记表

楼栋：　检查人：　　日期：					
宿舍号	学院	卫生情况	学习情况	安全状况	备注

二、学园事务管理

（一）信息报送管理

学园信息报送我们需要按照如图 3–4–3 所示的程序进行。

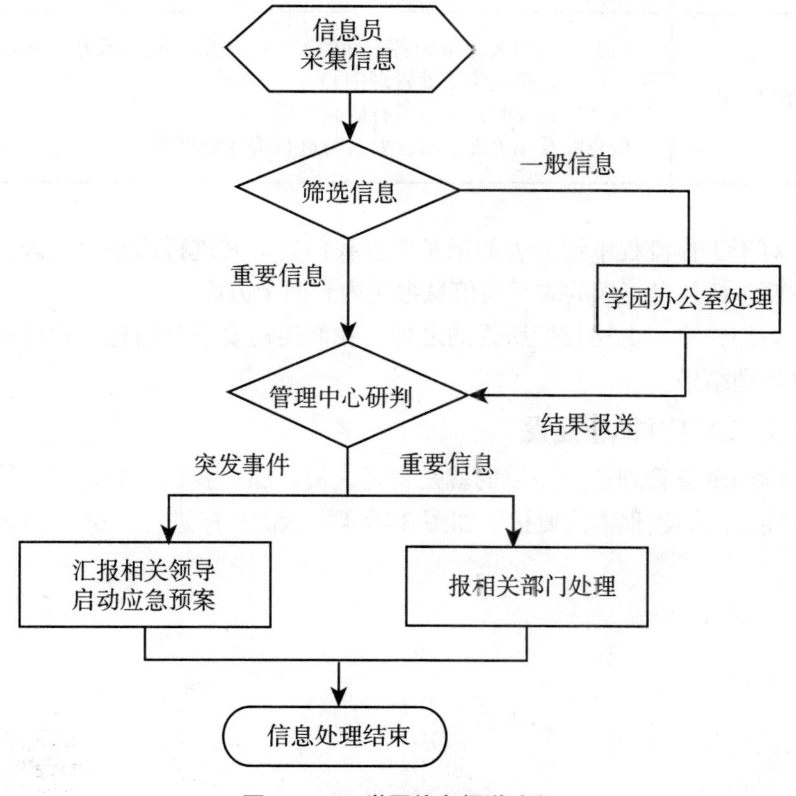

图 3–4–3　学园信息报送流程

在整个对违纪的处理流程中，如表 3–4–4 中所示的事项需要我们在处理的过程中着重注意。

表 3–4–4　处理注意事项

承办人员	学生工作处大学生管理中心
相关单位	保卫处、各学院（课部）、后勤保障处、校医院
实施对象	学工处信息员
实施期程	全年实施
相关法规	1.《中国地质大学学生安全管理规定》 2.《学生楼栋信息员管理制度》
注意事项	1. 日常工作中注意搜集并反馈学生的思想行为动态及突发状况 2. 时刻保持学园信息通道的有效、及时、通畅 3. 遇突发紧急情况要求第一时间向学工处汇报，并及时通知相关学院、部门
办理方式	1. 信息员实时关注学园各方面情况，一般信息报学园办公室处理，重大信息直接报学工处管理中心 2. 管理中心及时对信息进行研判处理 3. 信息涉及相关部门时，要及时进行沟通处理协调

对于工作流程中记录表的记录要点我们要对其进行详细地记录，其内容主要包括信息报送的时间与信息报送内容两个方面。

另外，除了上述我们所说的之外，我们还需要准备信息员报送材料与信息处理结果。

（二）工作队伍建设

学园事务管理首先需要的就是管理人员，那么我们要如何发展管理团队，在发展的过程中需要按照如图 3–4–4 所示的程序进行。

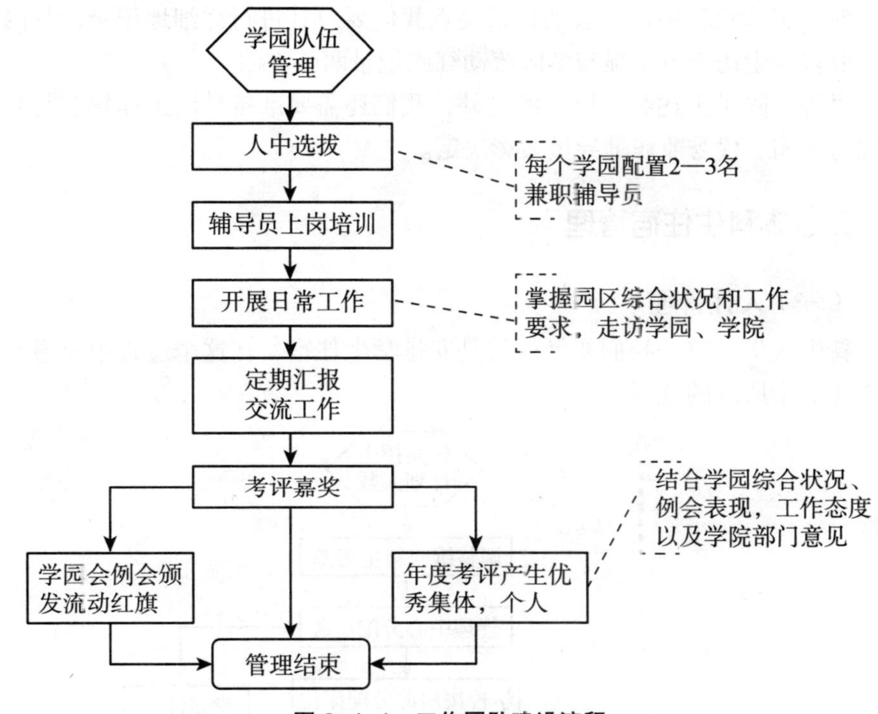

图 3-4-4　工作团队建设流程

在整个对违纪的处理流程中，如表 3-4-5 中所示的事项需要我们在处理的过程中着重注意。

表 3-4-5　处理注意事项

承办人员	学生工作处大学生管理中心
相关单位	各学院（课部）
实施对象	全日制普通本科生
实施期程	全年实施
相关法规	1.《中国地质大学（武汉）学生园区兼职辅导员管理规定》 2.《学生园区工作综合考评指标体系》 3.《学园兼职辅导员综合考评指标体系》
注意事项	1. 选拔高素质、能力强、立场坚定、责任心强的学园干部 2. 要明确职责和分工，要充分发挥园区的自主性和创新性 3. 加强与各学院及相关部门的沟通交流，形成工作联动 4. 对学园应综合考评，结合日常工作表现、态度、学院部门意见等
办理方式	1. 管理中心通过授课开展业务培训 2. 各学园按学工处的相关要求，创新自主开展各项工作，每月将工作情况向学院及相关部门汇报交流 3. 年度考评采取 ppt 工作汇报方式，学院及部门领导评分

对于工作流程中记录表的记录要点我们要对其进行详细地记录，其内容主要包括走访交流情况与学园流动红旗记录两个方面。

另外，除了上述我们所说的之外，我们还需要准备学园工作年鉴与年度优秀学园、优秀兼职辅导员表彰决定。

三、本科生住宿管理

（一）入住管理

新生入学，首先我们要做的就是安排学生住宿，在这个过程中要遵循图 3–4–5 中所示的流程进行。

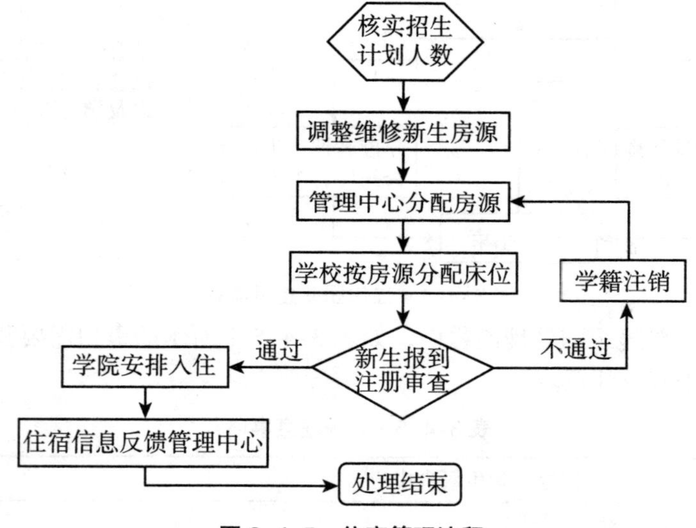

图 3–4–5　住宿管理流程

在整个对违纪的处理流程中，如表 3–4–6 中所示的事项需要我们在处理的过程中着重注意。

表 3–4–6　处理注意事项

承办人员	学生工作处大学生管理中心
相关单位	各学院（课部）、后勤保障处
实施对象	全日制普通本科新生
实施期程	每年 7 ～ 9月
相关法规	《中国地质大学本科生住宿管理办法（修订）》
注意事项	1. 每年暑期按招生计划调整维修新生房源，确保新生顺利入住 2. 新生入住后应及时更新住宿信息，并做好宿舍管理系统的维护 3. 核实各学院新生住宿费标准，做好相关部门及学生的协调工作

续表

办理方式	1. 学生管理中心负责房源管理和学生住宿的统一安排，同时协调相关部门维修新生房源，向学院下发新生宿舍安排表 2. 各学院按学工处先期分配房源安排学生入住具体宿舍，并将学生住宿信息及时报管理中心备案 3. 后勤保障处公寓服务部负责核对学生入住登记并发放钥匙

对于工作流程中记录表的记录要点我们要对其进行详细地记录，其内容主要包括房源清理维修计划与房源分配情况两个方面。

另外，除了上述我们所说的之外，我们还需要准备一份新生宿舍安排表，具体内容如表3-4-7所示。

表3-4-7　新生住宿安排表

学院	性别	人数	分配宿舍范围
	男		
	女		

（二）校外住宿管理

对于距离学校近的学生，可以自主选择在家中居住，也就是在校外住宿，其管理需按照如图3-4-6所示的流程进行。

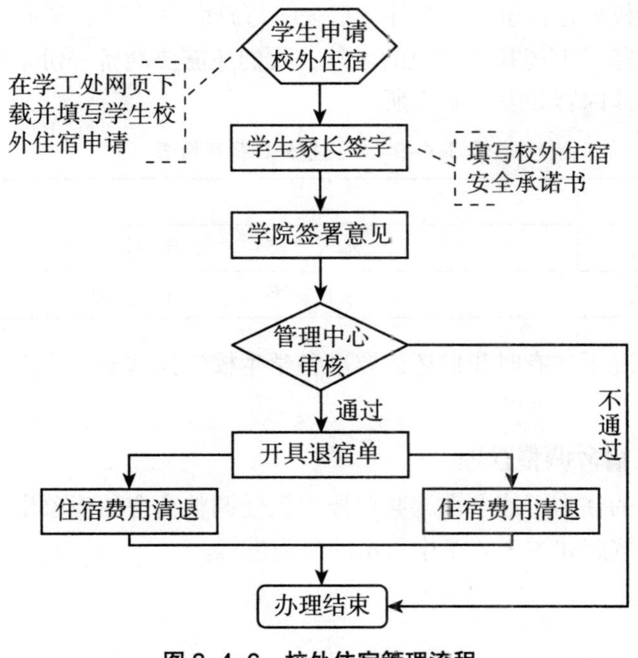

图3-4-6　校外住宿管理流程

在整个对违纪的处理流程中，如表 3–4–8 中所示的事项需要我们在处理的过程中着重注意。

表 3–4–8　处理注意事项

承办人员	学生工作处大学生管理中心
相关单位	各学院（课部）、后勤保障处、财务处
实施对象	申请校外住宿本科生
实施期程	全年可办理，一周内办结
相关法规	《中国地质大学本科生住宿管理办法（修订）》
注意事项	1. 学生校外住宿须家长同意方可申请 2. 学生应按要求填写安全承诺书，明确自己和家长的责任 3. 学院定期掌握学生在外住宿的生活、学习及安全情况
办理方式	1. 学生申请调整宿舍须签署家长及所在学院书面意见 2. 学生管理中心审批学生校外住宿申请，及时办理退宿手续，并汇总学生退宿情况报财务处，财务处负责学生住宿费退费和清理 3. 楼管验收宿舍家具及其他公共设施完好情况

对于工作流程中记录表的记录要点我们要对其进行详细地记录，其内容主要包括校外住宿事由、校外住宿去向与原宿舍号三个方面。

另外，除了上述我们所说的之外，我们还需要准备一份学生校外住宿申请表，具体内容如表 3–4–9 所示。

表 3–4–9　学生校外住宿申请表

申请原因	
本人承诺	本人签字　　　年　月　日
家长意见	家长签字　　　年　月　日

特殊情况下，有时我们还需要准备学生校外住宿安全承诺书与退宿舍单存根联。

（三）宿舍调整管理

安排好的住宿可能会由于某些原因致使调整宿舍的现象出现，在这个过程中需要按照如图 3–4–7 中所示的流程进行。

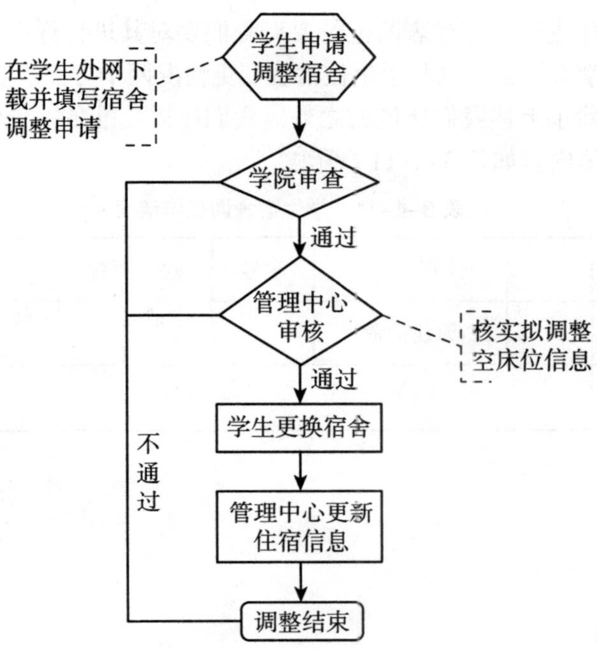

图 3-4-7　调整宿舍流程

在整个对违纪的处理流程中，如表 3-4-10 中所示的事项需要我们在处理的过程中着重注意。

表 3-4-10　处理注意事项

承办人员	学生工作处大学生管理中心
相关单位	各学院(课部)、后勤保障处、财务处
实施对象	提出调宿申请的本科生
实施期程	全年可办理，一周内办结
相关法规	《中国地质大学本科生住宿管理办法(修订)》
注意事项	1. 准确把握宿舍空闲床位资源，及时做好调整工作 2. 协调好宿舍学生之间的矛盾，关注学生思想动态 3. 与各学院及后勤公寓服务部联系，解决存在的问题
办理方式	1. 学生申请调整宿舍须征求所在学院书面意见 2. 管理中心按照相对集中的原则进行学生宿舍调整审批，及时更新学生住宿信息，汇总学生住宿费变更情况，向财务处提供相关数据 3. 财务处按管理中心报送数据变更学生住宿收费

对于工作流程中记录表的记录要点我们要对其进行详细地记录，其内容主要包括学院调宿意见与学生住宿费变更情况两个方面。

另外，除了上述我们所说的之外，我们还需要准备一份学生宿舍调整申请表，具体内容如表 3–4–11 所示。

表 3–4–11　学生宿舍调整申请表

<table>
<tr><td>姓名</td><td></td><td>性别</td><td></td><td>学号</td><td colspan="2">政治面貌</td><td colspan="2"></td></tr>
<tr><td>所在学院</td><td></td><td colspan="2">原住宿舍</td><td></td><td>申请
宿舍</td><td></td><td>联系
电话</td><td></td></tr>
<tr><td>申请原因</td><td colspan="8"></td></tr>
</table>

第四章　高校学生事务管理模式与管理方法

从20世纪90年代开始，我国高校学生事务管理模式逐步萌芽并发展，直到今天，我国高校学生事务管理获得了很大的发展，不仅形成了自己的一套独特的管理方法，而且管理体系上的机构相对独立、理念逐步明晰，制度逐步完善、内容逐渐丰富。

第一节　我国高校学生事务管理模式

一、我国高校学生事务管理的特点

我国高校学生事务管理在组织结构上具有条块结合与直线职能的特点，工作方式上有着主动干预的特点，这样的特点形成了我国高校学生事务具有能够充分覆盖、整体协调的优势。总的来看，我国高校的学生事务管理模式呈现以下特点。

（一）“管治模式”

我们这里所说的“管治”模式主要是指管理者为实现管理目标而对被管理者实行控制的一种管理过程。在管理过程中，强调控制，强调目标自上而下的统一性，强调通过控制手段使组织中的个体利益服从组织整体利益。

在我国绝大多数高校中，各学生事务管理机构和管理人员在管理过程中有着明确的管理目标，为了实现对自身权威的强调而实行“独断式”的单向活动。而“领导”与“被领导”的隶属关系成为这种管理中管理者与被管理者的关系常态，在这种关系中，绝大部分的学生无条件服从，很少参与到管理中来，这种管理模式具备管治模式的基本特点。

（二）思想政治与学生管理相统一

现在来看，学生事务管理和思想政治教育共同构成了我国高校学生工作的两个子系统。

近年来，随着市场经济体制的改革和我国高等教育的普及，大学中的学生事务也随着这种经济的市场化和高等教育的大众化而日益增多，这些学生事务也日益关系到大学生的健康成长。而大学生的思想政治教育在新中国成立后的各个历史时期都是党和国家关注的重点，因为它关系到能否培养出新一代德、智、体全面发展的社会主义建设者和接班人。但在改革开放后的新时期，我国高校在过去单一的思想政治教育管理模式中，逐步扩展学生事务管理，形成了今天学生思想政治教育和学生事务统一在学生工作的管理模式中。

在管理系统的层次上，主要有以下几方面。

（1）院系层面

在院系这个层面，学生思想政治教育和学生事务管理的具体实施者是学生工作小组(尤其是辅导员)，他既是学生事务管理人员，又承担了学生思想政治教育的角色。因此，院系层面的学生工作综合化程度较高，对辅导员的素质要求也较高。

（2）职能层面

在学校职能层面，学生工作处与党委学生工作部合署办公、校团委是高校学生思想政治教育的主要负责单位，但其下属机构还设有专业的学生事务管理部门(如招生、学生资助、就业管理等科室)。

（3）领导层面

从学校的领导层面上来说，学生工作的主管校领导统一负责全校学生的事务管理和思想政治教育。

（三）以社会为本

高校学生事务管理的内容和模式要根据社会的发展来确定，从一定意义上来说这成为我国高校管理的一个基本环节，这一环节有效增强了我国高校学生事务管理机构对社会环境变迁的适应性和敏感性，从而实现了对社会核心价值和主流文化在我国高校学生群体中得到有效传播。而管理目标的实现还依靠这个基本环节与学生需要的统一，因为社会发展需要的满足最终要体现在学生的落实方面。

而目前我国高校学生工作(学生事务管理)坚持“以社会为本”的价

值取向，注重满足学生和社会发展的需要，以适应我国社会的巨大变革。这在具体的管理工作上表现为各高校逐步增设了就业指导办公室、心理咨询中心、资助办公室等机构；在管理目标上，强调增强学生的社会适应性，强调培养的学生要适应社会的需要。

当然，任何理念和管理都不是完美的，这种坚持“以社会为本”的价值取向往往在学生事务管理过程中出现忽视学生的个性需要的弊端，如对于学生的维护自身权益、学习指导、创业教育、多样化的社团活动等工作关注和开展较少。

二、我国高校学生事务管理的现状

据相关人士统计，到 2007 年 5 月之前，我国共有普通高校和成人高校 2321 所。其中，普通高校 1908 所，成人高校 413 所。普通本科院校 740 所，高职（专科）院校 1168 所。我国各高校学生事务管理总体上呈现以学校内部管理为主，校党委集中领导，院系、年级、班级管理，条块结合，以条为主，专兼职人员共同参与的模式。对此，我们可以从高校学生事务管理的组织环境、组织结构及具体的模式类型来加以深入分析。

（一）管理组织结构的现状

面对内外环境的各种变化，我国高校学生事务管理的组织结构也发生了一定的变化，但是这种变化并没有实现结构性变革，只是在一定程度上对原有组织结构的调整、扩展。社团、社区或者导师制被试图加以改造，结构化到学生事务管理的组织结构中，以代替班级在原有体系中的位置和作用；在校一级设立了心理咨询中心、就业指导中心、勤工助学中心等部门，也是在原有的科室基础上增加的部门，对原有的组织结构并没有进行结构性改变。具体来说其变化主要表现在以下几个方面。

1. 组织结构

我国高校学生事务管理基本上都采用“条块结合型”的“直线职能”的组织结构，相对较为统一，如图 4–1–1 所示为某地学校事务管理模式图。

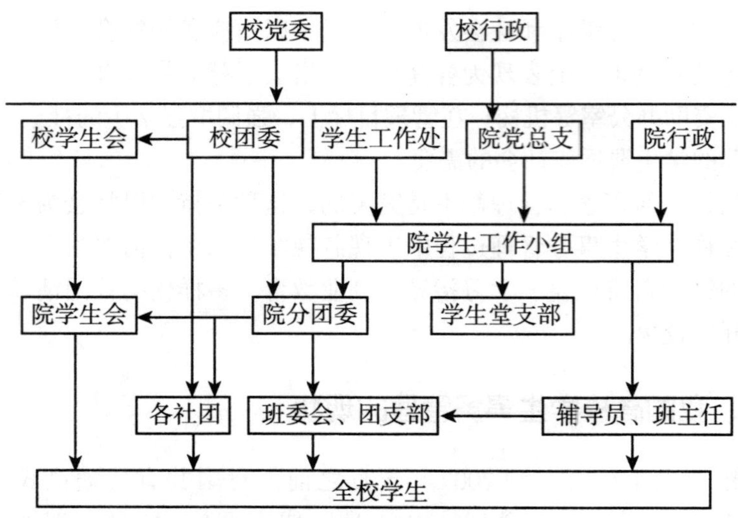

图 4-1-1　某地学校事务管理模式

（1）直线型

直线型是指根据行政权力划分，形成学校—院 (系) 二级机构。

①在高一级的学校层面，设立学生工作处 (党委学生工作部)、校团委等机构，共同承担思想政治教育和学生事务管理。

②在院 (系) 层面，一般设立专职的党总支 (分党委) 副书记负责本院系学生工作，并向院系党委和学校学生工作处双重负责，各年级辅导员、团总支书记组成学生工作小组，针对各个校级职能部门配置相应机构或人员负责各项工作的具体开展。在各院系内又形成“块状”的二级学生工作系统。由此，校级的各部门与院系级的相应人员或机构构成了“条状”的“直线”命令链。

（2）职能型

根据学生事务管理的教育、管理和服务的三大职能设立学生处、团委德育课部及武装部、后勤部等职能部门，各部门分工合作，对学生的管理工作共同承担，形成了职能型管理模式。各职能部门负责的工作具体来讲有以下方面。

①学生工作处 (部) 承担了主要的教育、管理和服务职能，一般被赋予招生、就业、助学、思想政治教育、宿舍管理、心理咨询等职责。

②学生工作处 (部) 和后勤管理部门协同负责宿舍管理和生活园区的管理。

③团委承担部分教育和丰富校园文化的职能。

④德育课部负责学生思想政治理论课。

⑤武装部门和学生工作部共同负责学生军训。

如表 4–1–2 所示为学生事务与对应机构关系。

表 4–1–1　学生事务与对应机构关系

学生事务	我国高校对应的组织机构
新生辅导	学生工作处(部)
学生科技创新活动、实践活动、志愿者活动	团委
学生宿舍管理	后勤管理处(后勤集团)、学生工作处(部)
学生奖惩管理	学生工作处(部)、校团委
学生学籍、注册管理	教务处、学生工作处(部)
学习辅导	教务处、学生工作处(部)
学生饮食	后勤集团
学生资助	学生工作处(部)
学生组织和学生活动	校团委
心理辅导	心理咨询中心
学生生涯辅导与就业管理	学生工作处(部) (就业指导中心或就业办公室)
学习辅导	学生工作处(部)、教务处
健康服务	校医院、心理咨询中心
招生	学生工作处(部)(招生办公室)
学生安全教育与管理	保卫处
学生军训	武装部、学生工作部
学生体育活动	体育课部

2. 报告关系

①在院系层面，由一名专职党委副书记具体负责，院系党委副书记向院系党委负责并报告工作，形成行政上的隶属关系；向校学生事务管理部门负责并报告工作，形成工作上的隶属关系。

②在学校层面，学生事务管理接受党委领导，总体上由一位副书记(或副校长)负责，学生事务管理部门的负责人向副书记(或副校长)报告工作。

（二）管理组织的环境现状

“合法性”是组织的发展必须服从的机制。我国高校学生事务管理模式的外部环境特征具有典型的制度依附性。主要表现在内部因素与外在制度两个方面。

1. 内部因素

这里我们所说的内部因素主要是从学生事务与社会关系的角度来讲的，我们为每一位学生提供宿舍居住、饮食，众多学生学习、生活在校园，其管理模式是极具挑战性的内部事务型模式。

尽管在高校后勤社会化进程中，学生宿舍管理、饮食服务的部分内容出现外包形式，但高校的监督、控制作用依然很强。

2. 外在制度

我国高校的思维模式和行为规则都得到了高等教育的政府主管部门较为详细的规定，或者我们可以这样理解，我国高校学生事务管理模式的形成明显地受到我国政府、高等教育法规和法律的影响。

综合看来，政府对教育资源进行集中分配，并直接控制和领导公立大学的办学。而学生事务的管理也不例外，主要表现在以下几个方面。

（1）招生规模、资源配置、人员编制、专业设置和质量评估等与学生事务相关的内容的评估权和决策权由政府部门掌握着，如学生能否在校外住宿，教育部都做了多次规定。

（2）不论何时正确处理好改革、发展与稳定的关系是高校事务管理必须正确处理好的重要内容。

（3）在我国高校中，存在着学生工作受到党委领导的体制。且省委组织部或教育部负责着我国高校领导的任命。每所高校的管理模式都必须有助于实现国家和政府主管部门确定的目标，按照上级主管部门的要求和规则运作。

从发展的角度来看，我国高校学生事务管理的发展演变建立在单纯的思想政治教育基础上，所以不可避免地带有一定的行政属性和政治色彩。随着社会主义市场经济体制改革进程的不断推进，各市场主体都获得了发展自主权。高等教育管理体制也发生了比较明显的变化，过去那种大一统的管理模式被逐步打破，高校获得了一定程度的办学自主权。1999 年 1 月 1 日起正式施行的《高等教育法》更是以法律的形式确定了新时期我国高校的管理体制。该法第 30 条规定：高等学校自批准之日起取得法人资格，并在民事活动中依法享有民事权利，承担民事责任，与此同时，该法第 32 条至 38 条分别对高校办学的 7 项自主权作了明确的规定。

三、我国高校学生事务管理存在的问题

（一）跨部门沟通

从目前情况来分析，高校主要的教育、管理和服务职能被学生工作处、招生就业处和校团委整合在一起，并且院系学生工作的指导工作及其他学生事务也分散由这几个部门完成。这种模式具有以下优缺点。

1. 优点

在学生工作分工日趋复杂的大学生事务管理中，这种设置的专业化管理相比过去的传统模式更为具体深入，且具有更高的工作效率。

2. 缺点

校医院、教务处、后勤管理处等职能部门在该模式中自成体系，对信息的横向沟通不重视，容易造成工作的遗漏和重复。另外，这些“兼职”部门还有众多的其他任务，且这些部门的管理人员素质参差不齐，在面对学生的需求时，无法给予专业化的服务和管理。

（二）正式报告关系

报告关系从组织的高层向基层扩展，将组织中的所有成员连接起来，是一条连续的权力路径，也称作指挥链，在报告关系中对“我有问题去找谁”以及“我向谁负责”的问题进行了明确。

1. 信息沟通方面

随着学生事务的迅速膨胀及信息的大量增加，直线型组织层级多，而一般情况下，高校信息的传递要经由学校、院系、辅导员、班干部这样一个漫长的链条才能最后传送到普通学生那里，这就导致信息在传递过程中容易出现失真的现象，而在解决问题上，相互推掩，相互抱怨，无人负责。

2. 中低层职责范围不明确

目前，现行学生工作部门负责全校学生事务，院系一级学生工作按要求是在校一级领导下进行的，但是院系一级专职学生工作人员的人事权却在系里，形成了学校管事不管人的尴尬局面。

我国高校的院系学生工作不仅受到院系领导，还接受团委、学生工作部等职能部门的指导。但随着近几年招生规模的扩大，院系的一级组织逐渐增多，职能部门开始将管理幅度增大，对院系很难给予深入细致地指导。

另外，由于院系学生工作要对院系党委及校级学工部门进行双重负责，因此在其具体工作中不可避免地会出现角色冲突、激励扭曲、考核失效等现象。

最后，学院院长或系主任重视科研、教学，对学生工作没有给予充分的重视，院系的学生事务管理机构无法得到充足的支持。

第二节　构建有中国特色的高校学生事务管理模式

一、构建原则

构建有效的学生事务管理模式就是要通过制度变革和创新，优化组织结构、人员结构，不断降低组织成本，增强组织对环境变迁的适应性。

具体原则有以下几个方面。

（一）思想教育与学生管理相统一

在改革、发展与稳定的要求以及大学生在社会政治稳定中举足轻重的影响力下，我国高校的思想政治教育仍然会在今后的一段时间得以巩固和强化。对于大学生自身素质的提高上，自身的政治思想素质的提高也不可或缺。具体来讲要注意以下几方面的工作。

1. 坚持原则

坚持思想政治教育与学生事务管理协调统一的原则，就是要认识到在高校学生的生活世界中，思想政治教育与学生事务管理是统一存在的。无视学生的利益诉求和实际需要，偏离学生工作科学内涵和规律的做法表现为：以学生事务管理替代思想政治教育，或者单纯倚重思想政治教育。

在模式构建过程中，要坚持思想政治教育与学生事务管理协调统一的原则，就要坚持中国共产党的领导，保证社会主义核心价值在学生事务管理过程中的指导作用。

2. 学校的职能层面

针对学生思想政治教育和学生事务管理工作，在学校的职能层面，可按专业化要求，组建独立的科室、教育中心、管理中心，可以配置不同专业背景的人员，以增强教育、管理和服务学生的有效性和针对性。

3. 院系层面

在院系层面的管理机构，可按学生工作内容的大类相对设立配备具有专业素质人员的思想政治教育室、学生事务管理室，促进院校学生工作的专业化。另外，可按学生群体来配置专兼职的辅导员、班主任或学务指导教师，要求从业人员具有较高的思想政治教育素质和学生事务管理能力，以适应学生多样化的需求。

（二）以人为本

一定的价值观和理念支配着管理模式的选择和建构，管理模式的选择和建构受一定的理念和价值观理念支配。对学生事务管理抽象理解的理念，不仅规定着管理的具体内容及其开展，还对管理的出发点和归宿，管理模式的建构起着决定作用。

1. 关系的处理

要在处理学生与学生事务管理机构的关系时，坚持以人为本的学生事务管理理念，简单来说就是并不排斥和否定组织的发展目标，相反，要把人的自我完善和自我发展作为学生事务管理目标的有机组成部分。具体而言，就是要在管理过程中，坚持人本位和社会本位的统一，全心全意为所有学生服务。

2. 教育理念

在教育观念上，坚持以人为本的学生事务管理理念，就要转变过去那种以学校为主体、以教育者为核心的管理思路和管理方式，树立一切工作都是为了学生健康成长的管理理念，变管理为服务，努力营造良好的环境氛围。

3. 管理定位

坚持以人为本的学生事务管理理念，就是要推行精细化的服务理念，以促进学生全面发展为目标，引入信息化的管理手段，组建专门化的学生事务管理的组织结构，突出民主化的管理风格，实施流程化的办事程序，突出职业化的专业地位。

（三）管理机构之间的关系

新的学生事务管理模式应注意以下三个方面。

（1）机构间的整合性，有利于局部服务于整体，协调局部、全局指导，发挥整个体制的资源整合力和凝聚力。

（2）组织结构的层次性，有利于工作的层层递进，环环相扣。

（3）机构间的互动性，有利于上层和基层相互激发工作活力与创造力。

要想处理好学生管理机构之间的关系，我们需要在以下几个方面多下功夫。

1. 与上级单位的关系

在对学院与学生事务管理职能机构关系的处理上要明确，学生事务管理的基层组织单位是学院，学生事务管理模式成功的关键在于同其他职能管理机构的有效沟通、协调和分工合作。因此，学校与学院之间应有专业化和明晰的职责分配。另外，学院要发挥积极性和主动性，通过自己的创造性工作，以实现学校的目标和任务来赢得自己的地位。

2. 各单位之间关系的处理

处理好学生工作处、校团委和其他与学生事务管理相关机构之间的协调关系。目前我国高校的学生事务涉及学生工作处、校团委、教务处、后勤集团(后勤管理处)、校医院、体育课部等部门。学生事务管理相关机构如何协调是构建新模式的关键。要做到具体问题具体分析，有针对性，此外，还要对高校有关学生事务管理机构扁平化要求、任务目标和职责范围进行明确。

3. 管理人的选择

选择素质高、能力强的校领导主管学校的学生管理事务。主管高校学生工作的校领导有着学生代表和学生管理者这两重身份，这种特殊的身份特征常常会使其陷于两难的局面。如果主管校领导没有足够的素质和能力，就会最终影响高校学生事务管理模式的有效运行。

因此，高校在校党委副书记或副校长的选择上，应选择政策水平高、领导力强、学生事务管理知识丰富的人担任。

（四）学生参与

学生参与指由学生团体或学生个人从事包括所有学校公共事务与决定的行动，目的在于追求学校与学生的共同利益、落实学校民主管理及实现学生的合法权利。这些公共事务是以学生本人利益相关的学生事务为基础，再逐步扩大到全校性的公共政策。

二、具体构建要求

在具体构建的过程中，我们需要遵循以下几个方面的要求。

（一）优化管理组织流程

组织流程就是指某种工作步骤、动作和程序，是一个组织为达到某种特定的管理目标而制定的。

我们要以“学生需求导向”的学生事务管理组织流程为理念，采用流程优化与再造的思想，强调输入、过程、结果的IPO设计模式，如图4-2-1所示。

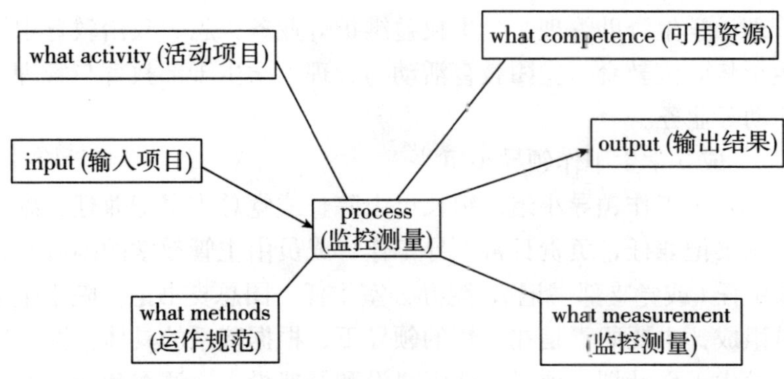

图 4-2-1　设计模式

首先，在考虑学生需要和社会需要的基础上，对学籍管理、招生管理、奖惩管理、学习指导、心理咨询、学生组织与课外活动指导与管理等学生事务管理的各项内容，按照作业流程的要求进行规范化设计，除应了解输入要项和输出结果为何外，对于每一流程的“流程管理”过程展开设计的要项，应考虑 4w 问题，如包含需要什么活动才可将输入转化为输出 (what activity)、为了达成输出需使用的资源为何 (what competence)、为了使活动能有效运作需要多少作业规范 (what methods)、为了达成输出如何做好监控与测量 (what measurement)，以此形成管理目标、管理任务、管理程序、资源配置等。

其次，对学生事务管理过程的控制要通过正当程序来实现，对权力的运行秩序进行规范，使权力的行使遵循法治精神的规范方式和步骤，剔除管理运行的随意性、无序性和偶然性，提高学生事务管理的效率和服务质量，保证管理行为的合法性和高效性。

（二）明确事物管理权责

目前，我国高校院系对学生的思想、学习、个性特点、生活状态了解最多，没有院系的积极参与，高校学生工作的目标在面对市场经济和全球化、信息化等带来高校学生工作环境的复杂多变的情况下，是根本无法实现的。为此，我们在推进学校层面学生事务管理组织扁平化的基础上，同时要做到对学生事务管理人员的创造性和积极性充分发挥，优化和明确院系学生事务管理的机构和权责。

1. 优化管理机构

（1）设立辅导员办公室、学生事务管理组、思想政治教育组

辅导员办公室负责新生辅导、学习指导、班主任管理、班级管理、宿舍管理、就业教育与管理等业务；学生事务管理组负责学习管理、社团指

导与管理、学生资助管理、学生权益维护等业务；思想政治教育组主要负责学生形势政策教育、党团教育活动与管理、学生干部教育与管理、社会实践活动等业务。

（2）成立学生工作领导小组

成立学生工作领导小组，组长可由院长或党总支书记兼任，副组长由党总支副书记兼任，负责日常领导工作，成员由主管教学的副院长、各专业的系主任(或党支部书记)、院办公室主任、团总支书记、院学生会主席等人员组成，主要职责是在学校的领导下，根据院系的具体情况，决定本学院的学生工作计划、项目、队伍建设和经费投入，调查和分析本学院的学生工作效果和学生发展的动态情况，决定学生的重大奖惩等。

2. 明确要求任务

因为院系最清楚完成一项学生事务管理任务或项目需要多大的权力和多少资源配置，所以为了既能做出恰当的决策，也有助于增强学生事务管理者的工作积极性，应允许院系参与学生事务管理的咨询和决策活动。

而学校领导部门首先给院系学生事务管理组织提供清楚的信息，具体包括告诉他们所授予的权力有哪些，要达到何种工作效果和质量，以及完成工作的期限和绩效标准。而完成任务的手段及在此过程中的决策权，应该由基层组织自己决定。

3. 权责清晰

在进行院系学生事务管理组织的权力授予时，要制定详尽可行、权责明确的规章制度。对于哪一级组织被授予了什么样的权利，要做到让所有受权力影响的学生、相关教师和管理人员都明晰，以便监督和落实。

（三）职能“条块化”与“扁平化”相结合

1. 实施背景

改革开放后，我国社会在高速发展中持续调整、不断磨合，面对这一社会经济形势，高校也面临着改革和发展的任务。而条块扁平结合的管理模式可以确保学生事务管理部门整体的执行力，很好地应对不确定性事务和学生意外突发事件的处置能力，有利于高校及社会的改革、发展与稳定。

2. 大学生群体特征

在西方国家，学生会根据自身的需要，主动寻求管理机构提供服务，实行的是“窗口式服务”。而对在内敛、含蓄的传统文化环境中成长起来的中国大学生，很难要求其积极主动地寻求学生事务管理部门的服务和帮助。对于相当数量的中国大学生而言，如何处理好人际关系、适应独立生活、安排好生活事务、有效地开展学习，依然具有一定的挑战性。

此外，对于都居住在学校里的中国大学生来说，学生事务有着多样化和繁杂的特点，多数学生在日常管理过程中直接与学生建立密切联系，主动介入学生学习与生活，有着管理上的独特优势。因此，必须坚持通过条块结合的管理模式为大学生提供基本的教育、服务与管理。

3. 扁平化管理

面对现在管理水平过低、层次过多的现状急需推进学生事务管理组织的扁平化。作为一种现代管理模式，扁平化管理是指管理幅度大而管理层次少的一种组织结构形态，它的主要特点是去掉不必要的管理中间环节，使管理结构从金字塔形向下压缩趋于扁平化，被管理者更直接地接受管理和服务，避免不良因素干扰，便于政策落实的统一性、管理的便捷化，同时，由于管理幅度较大，被管理者有较大的积极性、自主性和满足感。

为实现学生事务管理组织的扁平化，可以根据工作需要重新组合，形成功能专业化的新机构，实现教育资源的再配置和全面整合，可以建立直接面向全体学生的管理、教育和服务活动中心，持续提升专业化水平。

（四）学生参与管理

我国高校大学生参与高校管理模式有决策模式、行动模式和知情模式三种，在管理层次上由浅入深分为初级、中级和高级三个层次。初级层次以形式建议权、咨询权和知情权威核心；中级层次以行使咨询权、行动权和评议权为核心；高级层次以行使表决权、决策权和投票权为核心。

学生参与高校的管理机制在我国还处于初级发展阶段，只有极少数的高校学生可以参与对教师的评议和学校发展的咨询活动，学生实现自己的事物自己管的主要措施主要有以下几个方面。

1. 构建权利行使机制

构建学生行使投票权、决策权、表决权的机制。一方面，要发挥学生组织（如学生会、各种社团）的作用，使学生有组织的以民主方式。来表达全体学生的自由意识，参与学校的公共事务管理。

2. 完善学生代表大会制度

完善学生代表大会制度、校领导接待日制度、学生评教制度等，并以互联网为媒介，把“校长热线”“学生之声”等作为保障学生参与学校管理的监督权、建议权、评价权的长效机制。

3. 完善校务公开制度

完善学校的校务公开制度。要运用各种形式将学校的各项政策和管理措施、发展战略及学校的发展现状、存在的问题等信息及时、全面地向学生公开，为学生参与学校管理奠定基础。

（五）事务管理专门化

针对高校学生事务管理的宏观领导体制，宏观层面专门化以承认学生事务管理在学校工作中的专门和独立地位为前提，主要是解决报告关系和跨部门协调机制，以实现“专人专事，专事专人”，具体而言就是专门负责学生思想政治教育和学生事务的这位学校领导，不再分管其他工作，这也体现了在高等教育章学生工作的重要性。

在学生工作管理模式专业化构建过程中，由一名具备丰富的学生管理工作专门知识的、相对稳定的副书记兼任副校长的校级领导主管学生工作至关重要，他在整合以辅导员为主体的学生事务管理队伍的专业化建设的同时，还使学生工作在学校整体工作中的专门化地位得以确立。

（六）构建的类型

我国高校学生事务管理模式因管理的手段、目标、途径及方法的不同而分为不同的类型。

1. 中心型

“中心型”管理模式以“系统内的多中心”和“整体上的专门化”的运作机制为基本思路。

（1）“系统内的多中心”

在学生工作系统内部组织结构上，“系统内的多中心”将兼职部门分管的学生事务划归到学生工作系统，形成功能专业的新机构，建立多个中心和办公室，并且这些中心和办公室直属学生工作副校长。这种组织结构中将一级的学生工作系统剔除出去，这使得学生工作的管理由现在的校、系两级条块结合机制向一级管理和以条为主的运作方式转变。

（2）“整体上的专门化”

针对学生工作的领导体制而言，“整体上的专门化”的前提是承认学生工作在学校教育工作中专门的独立地位，由副书记(副校长)主管，实现“专人专事”。

2. 系统——过程型

学生事务管理在这种类型的管理模式中成为一个完整的系统和过程，在目标的达成上更加强调对管理系统的完整性和过程的控制性，为最终实现管理目标，对过程各个环节进行有效的控制和管理时运用新的教育思路和观念。

学校、社会（含学生公寓区）和家庭等作为子系统在系统论的基本原理中组成一个大系统，形成适应市场经济发展的开放的学生事务管理模式，其中学校子系统成为该系统的核心，中心任务是提高学生的综合素质，在管理过程中充分发挥各子系统的教育管理职责以形成整体功能。

这种学生事务管理模式讲究构建五位一体的闭合式自我监控的学生事务管理运行机制，具体来讲是用思想教育塑造、用管理养成、用政策导向激励，用良好环境和文化陶冶、感化，用考核体系评价——“教—管—导—育—评”五位一体。

3. 目标——关系型

这种管理模式有着明确的管理目标，将学校管理目标和学生发展目标进行有机结合，并注意通过一种双向关系来实现，而校学生事务“管理—服务—发展”模式是这种模式中极具典型性的一种，表现在管理过程中学生事务管理者与学生之间是一种双向互动的作用关系，这实质上是对传统的以单纯管理为主的工作方式的突破，实现了管理与服务并重，核心包含了学生对培养目标的确定关系。换一种说法就是，随着市场经济中学生生活和就业方式的变化，高校的培养目标最终也反映市场的需求，而这种市场需求必然通过竞争来满足。

4. 契约——参与型

在高校和学生的关系中主要存在着管理和“契约”两种。

（1）管理关系

高校受国家教育行政管理机构的委托承担着教育行政职能。在此职能下，高校要在国家法规的限定下对在校学生的学籍、学位、成绩等进行管理。在这里，校方是管理者，学生是被管理者。

（2）契约关系

作为教育公共部门，学校，特别是公立学校要提供相应的公共服务和产品，其中包括足够的教学设备、充分的校园安全、公允的教育水准、良好的学习与生活条件。

这种类型的模式对各主体之间的权责关系以“契约”的方式进行明确，逐项分解学校学生事务管理的任务，以求责任到人、工作到位、分级管理。在实施参与型管理模式后，学生事务以分散的个体教育和咨询指导为管理的主要方式。学生自我管理、参与学校管理的方式主要体现为《学生管理与学生自律协议书》。

第三节　我国高校学生事务管理方法的原则

一、管理的基本原则

增强学生事务管理方法的科学性、有效性，必须遵循一些基本的原则。这些原则是根据学生事务管理的目的、任务和学生发展规律得以确立的。在当前及未来的时间里，我国学生事务管理方法运用应把握以下几个方面的基本原则。

（一）权变原则

权变原则认为，学生事务管理虽然没有一成不变的方法，但它有拟定、抉择和采用方法的规律。权变原则的核心是强调学生事务管理方法的环境和自身条件的制约性。学生事务管理方法是为其目的和任务服务的，是为发挥学生事务管理的影响作用而拟定的，因而，目的、任务和内容的不同，要求采取不同的处理方法。

由于学生群体在思想、道德和行为方面各不相同，在需要、动机、兴趣、气质和性格方面更是千差万别，所以拟定和采用的学生事务管理方法也不应一样。学生事务管理是在一定时间、地点和其他条件下进行的具体活动，所以，要适应新的环境，根据情况的不同，灵活机动地拟定和采取不同的方法，保持学生事务管理方法与环境的和谐一致，这就是权变原则的精髓。

（二）最优化原则

管理就是决策。“最优化”是现代决策科学中运用的一个术语。这种决策活动把决策对象看成是一个系统，力求用最优方案实现其整体目标，因此，科学决策也被称作最优化决策。学生事务管理方法最优化原则是要求将以追求学生事务管理系统的最佳效能为目标，从可能设计和选择的所有学生事务管理方法中抉择出最优的方法。

（1）最优化的原则所要达成的目标是选择出最优化的工作方法。整个选择过程是一个比较、判断、评估的过程，是一个择优汰劣的过程。

（2）最优化的原则是抉择出能够最有效地实现学生事务管理目的和任务的方法。目的和任务是学生事务管理的出发点和归宿。能否有效地达到目的，能再顺利地实现任务，是评价和抉择学生事务管理方法最重要的尺度和依据。因此，凡是能够最有效实现目的和任务的工作方法，就是最优方法。否则，就不是最优方法。

（3）最优化的原则所要求的是以学生事务管理的整体为参考，追求整体工作的最佳状态。凡是能够促使整个学生事务管理达到最佳状态的工作方法就是最优方法。按最优化观点看，任何一种工作方法，都不是孤立存在、单独起作用的，都是整个学生事务管理的一部分，都与工作目的、任务、内容、环境、受教育者及学生事务管理者相互制约、相互作用。整体是由部分构成的，但是，整体的效能不等于各个部分效能之和。因此，考察某个方法的优劣，决定选用还是舍弃，不能只简单考察方法本身，不能以某个方法固有的特征而决定取舍，而应该从总体效能出发，追求整体的“优”和“佳”。

（三）实事求是

实事求是原则必须贯穿于学生事务管理的全过程和一切方法中。在学生事务管理活动开始之前，要努力从实际出发，努力开展调查研究活动，了解学生的真实信息和学生群体的真实情况。在正确了解学生事务管理基本信息的基础之上，对信息进行科学的分析和判断，对形势进行全面而深入细致的思考，结合学生事务管理的目标要求，科学地进行决策。在学生事务管理活动进行之中，要及时根据学生群体的发展变化和活动进展情况调整管理方法，尽可能有效地达成学生事务管理的目标。

毛泽东同志指出“实事”就是客观存在着的一切事物，“是”就是客观事物的内部联系，即规律性，“求”就是我们去研究。坚持实事求是原则，就是要从学生事务管理的客观实际情况出发，深入研究学生的特点，积极思考学生事务管理的规律性，坚持学生事务管理理论与实践相结合，加强学生事务管理的针对性，促进学生事务管理取得成效；坚持实事求是的原则，必须把学习、借鉴西方学生事务管理方法和传承我国学生事务管理的经验结合起来，必须把学习运用学生事务管理的既有方法和创造性运用新方法结合起来。

二、不同性质高校事务管理方法

按照学生事务管理方法的来源性质来划分，可将学生事务管理方法分为以下几种类型。

（一）行政方法

学生事务管理的行政方法是指以权威和服从为前提，运用命令、规定、指示等行政手段，依靠学生事务管理机构的权威性，按照行政系统和层次，直接开展教育管理活动的管理方法。这种方法具有强制性、权威性、垂直性等几个特征。学生事务管理行政方法的实质是通过管理者运用职位的权力来进行管理。

在学生事务管理实践中，行政方法的运用有利于管理者与管理对象之间及时形成统一认识，构建统一目标，采取统一行动，具有很强的时效性特征，能够较好地处理特殊问题和学生事务管理实践中出现的新情况。行政方法是实现学生事务管理功能的一个重要手段，也有其局限性。由于行政方法的运用需借助职位的权力，因此其效果与学生事务管理者的管理能力、业务素质和领导水平密切相关。

（二）教育方法

学生事务管理的教育方法是指按照一定的教育规律，运用课堂教学、专题报告、座谈和个别谈心等方式对学生成长施加影响，提高学生素质和能力，以达成学生事务管理目标的方法。学生事务管理中的教育涵盖新生辅导、学习指导、心理咨询、职业生涯规划与就业指导、学生活动指导等内容。

在学生事务管理的实践中，我们应较多地采用说理的方法、讨论的方法、批评和自我批评的方法进行疏导，而不应依靠简单的灌输、粗暴的训斥和压制来解决问题。学生事务管理的各种教育方法要灵活运用，务求实效，既需要采用集体教育与个体咨询的方法相结合，又需要做到知识学习与实习、参观体验等方法的协调统一，还要做到外在教育与学生自我教育的统一。

（三）法律方法

学生事务管理的法律方法指的是运用国家法律法规对学生思想和行为进行教育管理的方法。学生事务管理的法律方法具有规范性、严肃性、强制性等特点。法律方法对建立和健全科学的管理制度和管理方法，有着十分重要的作用。对法律方法的运用能够协调好学生事务管理内外部各种要素之间的关系，保证必要的高等学校管理秩序，使学生事务管理纳入规范化、法治化轨道。

为提高管理效率，节约管理者的精力，可以运用法律形式将行之有效的和符合客观规律的学生事务管理制度和管理方法规范化、条文化、固定化，制定出符合学校实际情况的规章制度。

（四）技术方法

学生事务管理的技术方法是借助于现代化的技术手段，以达成学生事务管理目标的管理方法。

学生事务管理的技术方法实质是把技术融进管理中，利用技术来辅助管理。在学生事务管理实践中，应该根据不同的管理问题，选用不同的技术方案，控制技术的采用可以提高有关职能的执行效率，促进管理过程的良性循环；信息技术的采用可以提高信息获取的速度与信息的质量；决策技术的采用可以提高决策的速度与质量，计划、组织。在了解每种技术的适用范围的前提下，尽可能把所掌握的技术用到实处，发挥技术的积极作用。当前学生事务管理特别要注重的是管理信息系统技术的运用与实现。

学生事务管理的技术方法虽具有客观性、规律性、精确性和动态性等特征，但也存在局限性。一方面技术方法并非万能，需要与其他方法相结合；从另一方面来说，技术方法的运用与管理效果和管理者的业务素质紧密相关。

（五）经济方法

学生事务管理的经济方法是指根据客观经济规律，运用各种经济手段，以达成学生事务管理目标的方法。近年来，随着我国高校日益重视学生资助管理，奖、贷、助、减、免、补等多种经济方法逐渐运用起来。学生事务管理的经济方法承认每个学生个体或学生组织在获取自身利益上是平等的，其实质是通过利益机制引导学生去追求某种利益，间接影响学生行为，实现学生管理目标的管理方法。

三、学生事务管理的实施方法

对于学生事务管理的方法来说，其本身有着一种特性，那就是实施的切实性，在实施的过程中我们一定要根据实际情况来进行。有关实施方法既有群体性的方法，也有个别性的方法；既有硬性约束的方法，也有咨询教育的方法；既有提高认知的方法，也有情感熏陶的方法；既有外在控制的方法，也有注重内化的方法，在这里我们主要对以下几种常用的方法进行详细的阐述。

（一）激励管理法

激励管理法是指运用各种物质的或者精神的手段来激发学生事务管理者、学生的主观动机，鼓励人们朝着正确的方向前进、努力的管理方法。激励管理法主要包含了三层含义，即以人们的客观需要和主观动机为根据，以实现一定的期望为目的，以物质激励和精神激励为主要手段。

激励管理法主要表现为以下三种形式。

1. 竞争激励法

在这种方法使用过程中，一般通过比较、组织评比等方式造成一种相互竞争、不甘落后、争取优胜的氛围，它为推动学生事务管理者、学生朝规定目标努力充分利用，学生事务管理者、学生的争胜心理和上进心理，在一定范围内造成竞争压力。

2. 奖惩激励法

指对学生事务管理者、学生的思想行为表现给予肯定、表扬或否定、批评。

3. 目标激励法

指通过设置和树立目标，激发学生事务管理者、学生为实现工作目标、发展目标而奋斗。

当然，并不说在实际运用中我们只是单纯地使用一种方法，在激励方法中也需要挫折调适法。挫折调适法指当教育对象受到挫折、产生心理压力或危机时，通过调适其心理，避免消极防御态度，确保心理健康的教育方法。每个人在现实生活中都必然会遭受挫折，对待挫折一般有积极进取和消极抵御两种态度。运用挫折调适法帮助和引导受教育者放弃消极的态度，采取积极的方法；通过宣泄不良情绪减轻心理压力；通过参与社会生活摆脱心理困境；改变或脱离引起挫折的环境或场合，在新的环境中忘却痛苦和烦恼。

（二）实践锻炼法

实践锻炼法主张让高校学生在社会生活、劳动、学习和其他各种活动中接受考验和锻炼，从而达到知行统一和言行一致。这种方法重视学习、劳动、生活等多方面的锻炼，符合高校学生思想、心理、能力特点，有助于他们德智体得到全面的锻炼和发展，也使间接传授与直接锻炼、灌输与疏导、理解信任与严格要求、教育动机与教育效果等辩证地统一起来，从而促使高校学生事务管理形成内涵深刻丰富、形式生动活泼的新格局。

实践锻炼法在学生事务管理中的运用能够在以下两个方面对学生产生一定的推动作用。

（1）充分利用社会资源，如组织学生参观革命旧址、进行社会调查实践和科技下乡活动、参加社会义务劳动等，让学生正确了解社会的发展形势，增强高校学生对社会的认同感和大局意识、服务意识。

（2）通过校内组织参加多种形式的活动（如文体活动、各种竞赛活动、课外科技活动、主题学习讨论活动、勤工助学活动等），培养学生良好的道德情操及沟通、协调等能力，激发学生的创造力。

因此，实践锻炼法以其实践性的特点，使学校、社会、家庭教育形成了一个纵向衔接、横向沟通的纵横相通的教育网络，是优化校内校外的教育环境，产生正面的教育合力，使学校教育取得整体效果的科学方法。它摒弃了“保姆式”的管教方法，能有效地在实践中提高学生的自主意识、分析事物的能力和处理问题的能力。

（三）自我管理法

作为一种开放式管理方法，自我管理指个体通过自我组织、自我计划和自我监督等环节，来实现个体内部与外部环境的协调，从而更好地实现自我目标。具备良好自我管理能力的人能够克服来自内外的干扰或阻碍，调节自己的认知、行为、情绪和外界环境，最终达成任务目标。大学生自我管理以更多地、更充分地发挥大学生自身在教育管理中的能动性和主体作用为最大特点。

当然，在这个过程中需要学生事务管理者要努力创造条件，保证高校学生自我管理的方向性。设立学生自我管理目标是实现高校学生自我管理的出发点和落脚点。学生自我管理目标应强调参与和授权，强调自我控制和自我评价，强调组织成员和整体发展的合作协调。学生事务管理者要通过设置学生自我管理目标激励其发展动机，使学生的需要、期望与集体的目标挂钩，最终实现个人与整体的优化发展。学生事务管理机构要重在引导、服务和协调，要创设多渠道、多层次、多方位的实践平台，全力为学生提供各种参与和管理的机会。

（四）管理教育法

管理教育法是学生事务管理不可缺少的一个重要方法。它是一种寓教育于管理之中的方法，即运用一定的组织纪律和行政措施来对学生的行为进行约束、规范和协调，以养成良好的行为习惯和道德的方法。从这个意义上说，它也是一种养成教育法。

加强制度建设是管理教育的前提条件。要将高校管理纳入法制的轨道，学生事务管理者必须从实际出发，建立健全严密合理的科学管理制度，使学生有章可循。与此同时，还必须严格地执行规章制度，充分发挥规章制度的效应，否则，尽管有很好的规章制度但管理者不遵循，就形同虚设，学生事务管理就会起不到应有的作用。

（五）个别咨询法

个别咨询法是针对不同对象的不同认识问题和不同的心理特点，采取不同的方式个别地进行管理咨询的方法，因而人们常常又把它叫作“一把钥匙开一把锁”的方法。个别咨询法是学生事务管理方法中经常使用的一种行之有效的方法。善于做好个别教育工作，是每个学生事务管理者必须具备的基本功。就具体方式来说，通常采用个别谈心、辅导的方法。

个别谈心、辅导既是了解高校学生学习、生活、情绪情感、经济、就业、思想状况的重要途径，也是解决高校学生认识问题的有效方法。这是因为当一个人有了某种思想问题或内心的“隐秘”时，通常都只愿意找自己知心的人交谈，希望得到自己可信赖的人的帮助，而不愿轻易公之于众。因此，个别谈心、辅导不仅可以解除高校学生的精神负担，比较准确地摸清其思想脉搏，而且能够沟通思想，交流感情，增强信赖。这样的效果往往不是普遍教育所能取得的。

第四节　我国高校学生事务管理方法的发展趋势与特点

一、管理方法的特点

我国高校教育管理方法形成了很多好的传统，如实事求是的定性评价分析、规范的学校管理、科学的班级管理、严格的考试制度、传统的自我教育管理等。

与美国学生事务管理方法相比较来说，我国传统的教育管理学生方法大致有以下三个方面的特点。

（一）综合性

这里我们所说的综合性主要是指方法运用的综合性，在我国高校教育管理的优良传统就是科学的班级管理，在班级管理中将个别教育与集体教育统一起来，通过教育个别学生教育集体，通过教育集体教育个别学生，经过实践证明，这种教育要比单纯的个别教育和单纯的集体教育效果要好。

（二）内隐性

这里我们所说的内隐性主要是指方法作用的内隐性，我国传统的教育和管理学生方法虽然也注重外在因素的影响，但是这些都只处于辅助地位。最主要的方式，还是强调内化。在我国自古就提倡“修身、齐家、治国、平天下”，讲求每个人都对国家的强盛起着重要的作用，虽然时代在修炼的内容上各不相同，但在方法论上都是相同的。

除深厚的文化底蕴外，重视人的自我管理和自我教育也是其重要原因。在高校学生教育管理中，由学生相互之间的管理(班级管理)、学校对学生的制度管理或常规管理、学生自我管理(学生自己管理自己的思想和行为)这三个互相联系又各有区别的层次组成。社会提出的要求与学生现有水平之间的矛盾，构成了学生发展的动力，而学生通过自我管理来促使这一矛盾转化。

（三）基础性

这里我们所说的基础性主要是指伦理方法的基础性，儒家思想十分重视伦理道德，强调政治与伦理相结合，并提出了一整套教育和管理学生的方法。在我国传统社会，各种政治制度、礼仪规范、社会习俗等都深深烙印着伦理道德的要求，学生教育管理方法也不例外。伦理政治化、政治伦理化是儒家教育思想区别于其他流派思想的特点。

二、管理方法存在的不足

在长期的实践中，我国高校学生事务管理坚持了一些行之有效的方法，从某种程度上来说这些学生事务管理方法存在一些不足，主要表现在以下几个方面。

（一）缺乏服务意识

少数学生事务管理者理念落后，在管理过程中仍坚持等级观点，强调教师的权威性。在与学生交流的过程中，不耐心听取学生的想法和意见，仍是垂直的、单向的和极具权威式的交流方式，根本没有自由平等讨论的氛围；在管理活动中，有的对学生缺乏耐心，表情冷漠，甚至恶言恶语、冷嘲热讽，服务意识缺乏。

一说到服务，其实并不是要求管理人员做到全方面地包揽所有的事物，而只是需要在一些小事情上稍微付出一点爱，一个微笑，一声问候，一个善意的手势……都可以让学生感觉到温暖。别小看这细小的举动，有时会影响学生的一生。

（二）方法过于机械化

有的学生事务管理者认为，在学校这样一个大集体中，大学生的自由度过高，应当用尽可能多的规章制度来对其进行管制和束缚，以避免其出轨和犯错误，如禁止大学生上网、周末旅游、谈恋爱、打扑克、利用业余时间打工等。

这样一种“禁令”式的机械化的管理方法极大地限制了大学生的活动和思维，只能造就出呆板的、机械式的学生，这样的学生缺乏青年人应有的个性、活力及动脑创新的意识，在毕业后面临的是市场的激烈竞争、用人单位的双向选择和社会变革等问题，不会把不确定的事物看成是生活中的常态，不仅经受不住较大的挫折和打击，而且无法自如地处理各种各样的不确定的事物。

还有一种情况就是，有的学生事务管理者对自己手中的权力过度地使用，常常带着情绪去工作，自己说啥就是啥，学生必须服从，企图以所谓的“教师权威”对学生产生震慑，以为把学生管得越厉害，学生越服帖。在管理过程中，没有一个教师应有的素质，盛怒之下还冷嘲热讽，恶语相加，频繁使用一些极具贬义之词。这种滥施权威的方式均会导致学生对教师的不信任和敌意，激起学生的自卫心理，口服心不服，明里或暗里与学生事务管理者针锋相对，师生关系严重恶化。而对那些胆小怕事的学生来说，可能导致其战战兢兢、精神抑郁。这些行为和管理方法都是不恰当的。

（三）方法过于简单化

在一些高校学生事务的管理中，部分学生事务管理者对当代大学生的发展规律和特点没有进行过深入了解，不顾及学生的差异性，对本职工作的方法和要求也没有进行过深入研究，不考虑工作的空间和时间，而喜欢用简单、一致化的方法来对所有的学生进行管理。具体表现在对违纪的学生不考虑主客观条件和环境，采用同样的方法处理，导致学生面服心不服；对不同年级的学生都安排同样的活动，致使活动缺乏吸引力和参与性；对成绩差的学生则怀着“朽木不可雕”“不可救药”的偏见；对成绩平平的学生则疏于关心；没有树立促进所有学生发展的理念，总认为成绩好的学生是可造就之才，是重点培养对象。

此外，还有少数学生事务管理者由于不思进取，或刚从学校到学校，没有管理上的经验积累，爱以自己的偏见、好恶及约定俗成的管理方法来对学生的管理行动进行管理，集中体现为管理方法的无系统性、机械性、潜意识形合机械地沿袭性，朝令夕改，处事不周。

这种不论是有意识的，还是潜意识的管理理念和方法，都会给学生造成不公正和不公平的感觉，既不能实现促进学生发展的使命，也不利于管理者的自身发展。华东理工大学校长钱旭红认为，要创新，就要反对“格式化”、简单化的管理方法。

三、管理方法的发展趋势

在学生事务管理理论变化发展、管理环境日趋复杂及学生事务管理自身发展的综合因素的影响下，我国高校学生事务管理方法的发展趋势主要表现在以下几个方面。

（一）现代化

现代化手段的运用是传统的学生事务管理向现代化的学生事务管理转变的重要标志，现代科学技术的迅猛发展及其在社会各个领域的广泛应用，既为学生事务管理手段现代化创造了条件，也对学生事务管理提出了手段现代化的迫切要求。

当今社会已经进入一个信息化的阶段，而受教育者也开始具有越来越强的社会化程度，面对各个领域里的各项工作的竞争状态，学生事务管理也产生了改变传统管理方法和方式的需求，只有充分运用现代化的手段才能适应社会发展的需要，实现自身的有效发展。

（二）社会化

面对迅速发展的社会经济及教育对象社会化程度不断提高的需求，学生事务管理方法也必须向社会化方向发展。

在国外，如德、英、法、美、日五国高校的后勤事务通过社会团体和企业以合同、契约形式参与，或完全自由参与。

在运作模式上，有专门机构负责型、高校直接参与型、高校与专门机构共同举办等类型。比如在德国和法国，高校的后勤事务完全与学校脱离，属专门机构负责型。而英国和美国的高校一般设有专门后勤事务管理机构，属于学校直接参与型。

其运作模式有高校直接参与型、高校与专门机构共同举办等类型。英、美国家的高校一般设有专门后勤事务管理机构，属于学校直接参与型。法国和德国高校的后勤事务完全脱离学校，属专门机构负责型。日本大学的后勤事务采取了学校与社会有关机构共同举办的模式。学校后勤由事务局统一管理，而“消费生活协同组合”等有关社会上的群众组织和第三产业积极参与了高校后勤服务。尽管五国高校后勤管理的模式不尽相同，但其社会化程度都比较高。

因此，应增强学生事务管理的民主性、社会性，改变过去只依靠学校学生事务管理者“单兵作战”开展学生事务管理的状况，对第三产业部门和社会团体学生事务管理的参与进行积极的鼓励，此外还应积极多方拓展资源，开辟多种方法，开展有效的学生事务管理活动。

（三）分化与综合相统一

分化与综合是现代科学技术发展的趋势。学生事务管理方法作为学生事务管理的重要组成部分，同样也呈现了这一发展趋势。

学生事务管理在不同领域的拓展深化，最终产生管理方法发展的分化趋势。在过去，我国学生工作多局限于自身领域、思想政治教育和日常规范。在新形势下，学生事务管理必须进一步向未来领域、微观领域和宏观领域拓展。

学生事务管理方法向未来领域拓展，是指学生事务管理要积极探索面向学生未来发展具有指导性意义的方法，着力于学生事务管理的超前性与预防性方法。学生事务管理方法向微观领域拓展，是指学生事务管理更加注重人性化，更加注重在学生事务管理中运用心理学和生物学等学科的研究成果。学生事务管理方法向宏观领域的拓展，是指学生事务管理必须同社会经济建设、政治建设、文化建设相结合，逐步改进管理内容和方法，适应培养合格建设者和可靠接班人的需要。

学生事务管理的方法又呈现出综合的趋势。面对新形势，学生事务管理需要面向世界，研究国外的学生事务管理理论与方法，进行分析、比较、批判、选择、借鉴有用的知识与方法，丰富和发展学生事务管理方法体系。学生事务管理方法发展的综合趋势，是学生事务管理方法向相关领域渗透，进一步与其他学科方法相结合，丰富和完善各类具体方法，促进学生事务管理的发展。

学生事务管理方法与相关学科的积极成果相互渗透结合，有助于学生事务管理方法吸收相关学科的新知识、新方法，不断充实、丰富学生事务管理方法体系。学生事务管理方法的分化与综合的发展趋势是相辅相成的，分化中有综合，综合中有分化。

第五章 高等学校在学生教育管理中的权利与义务

高校学生教育管理的权利和义务是相辅相成的，权利主要表现在高校依据法律、行政规章以及自身制定的规范性文件教育管理学生而享有各项学生管理权以及高校属于事业单位法人，作为民事法律关系的主体，享有相应的民事权利，校生纠纷有的涉及高校的财产权等。

第一节 高校管理的民事权利

作为民事法律关系的主体，高校应具备民法规定的法人条件，从设立之日起具有法人资格。高校是我国市场经济的参与者，财务独立核算。学生自入校起，就与学校因为公寓住宿、饮食等事项产生了许多民事法律关系。在这个关系中，高校也具有许多民事权利。

一、权利的类型

高校学生事务管理的民事权利的类型主要有以下几种。

（一）知识产权

知识产权主要是指权利人对其所创作的智力劳动成果所享有的专有权利。根据《民法通则》第94条至96条的规定，高等学校享有著作权(版权)，依法有署名、发表、出版、获得报酬等权利，依法获得的专利权受法律保护，依法取得商标专用权受法律保护。高校作为高层次人才培养的主渠道和重要阵地，是传授、探索、创造知识的重要场所，在创新型国家的建设中担负着充分发挥自身优势、引领国家自主创新的重大使命。

高校承担的国家自然基金项目占全国的三分之二，我国约有80%的专利源自高校和科研院所。而且还拥有着相当数量的发明专利等自主知识产权，为推动国家科技与经济结合以及新技术产业发展做出了重大贡献。高校作为知识产品的重要生产基地，其成果从科学发明、发现，科技成果、专利与非专利技术到学术论著、论文，计算机软件，高新技术产品等，几乎涉及知识产权保护与管理的所有领域，即高校是知识产权这一无形资产的最大拥有者。

（二）环境权

这里我们所说的环境权主要是指高校在对学生进行管理的过程中所具备的适合学生管理的环境的权利。环境权的权利主体既包括高校，还包括公民、其他法人及组织，甚至包括国家乃至全人类以及尚未出生的后代人。其权利客体则包括法律规定的各种环境要素、防治对象和行为。高等学校及在其中学习、工作生活的教师、学生有权在适宜的环境中生存。从目前的法律规定来看，环境权所涉及的环境要素大致有两类：一是自然环境方面的各项要素等；二是人居环境方面，如交通便利等问题。

从环境权的角度来说，高等学校作为环境权的主体，既可以享有支配自身可掌握的各项环境因素的权利，同时从资源有限和环境保护的角度来看，又需要在支配相关资源时，本着节约和环保的原则，充分利用资源，同时，高等学校有权拒绝和制止外在力量对其内部环境的破坏，也有权因周围环境破坏引起高校自身权益受损而予以制止或寻求法律援助。目前，高校的环境权还缺乏强有力的法律支持。通过我们对相关法律的了解可以知道，在我国的法律中有关于对环境污染的规定，条例显示如果在对环境造成污染的同时影响了他人并对他人造成影响的情况下，需要承担相应的责任。这种在整体上承认环境权作为民事救济根据的做法，显然无法有效保护高校的环境权益。

（三）名称、荣誉、名誉

作为法人的高校，所拥有的权利主要有三项，分别是：拥有名称权、名誉权和荣誉权三种。需要注意的是，这里我们所说的高等学校的名称权、名誉权和荣誉权是不直接具有财产内容的，不能用金钱来衡量其价值，一般不具有可让性，受到侵害时主要需以非财产的方式予以救济。

《民法通则》第 99 条规定了公民的姓名权（法人的名称权），同时禁止他人干涉、盗用、假冒；第 101 条规定公民、法人享有名誉权。

（四）财产权

我们这里所说的财产权主要是指高等学校依法对自己的财产享有占有、使用、收益和处分的权利，该权利禁止任何组织或者个人侵占、哄抢、私分、截留、非法索取、破坏。高等学校的财产权主要为一种财产管理权。

公立高校由国家举办，包括资本、网站、仪器设施在内的包括所有的财产属于国家所有，高校只有对这些财产进行管理使用的权力。

实际上，我们这里所说的高等学校的财产权并不是完整意义上的财产权。大部分公立高等院校的运转经费在我国属于国家和地方政府进行预算分配，国家才是高校财产的真正所有者。要知道立法者之所以如此立法，其实也是出于维护学校或教育的公益性，避免因国有资产流失而影响教育事业的健康顺利发展。高等学校的财产权中没有抵押权这一重要的财产性权利。

《中华人民共和国担保法》(以下简称《担保法》) 第 37 条第 3 项规定，学校、幼儿园、医院等以公益为目的的事业单位、社会团体的教育设施、医疗卫生设施和其他社会公益设施财产不得抵押。实践中，有限的财产权对于高等学校的发展产生了一定的束缚，国家应该鼓励和引导高等学校通过金融、信贷等方式使用更多的金融方式促进自身发展，增强其应对债务危机的能力。

（五）依法从事其他民事活动权

我们都知道，高校是民事的主体，除了享有上述我们所说的这些民事权利之外，在签订合同、捐赠、参与社会培训的活动中，同时也享有相应的民事权利。

高校在与企业签署校企合作协议、普通的民事合同时，或与其他合同当事人签订合同时，享有相同的权利和义务。作为平等的民事主体，与合同相对方在协商的基础上，关于相关合同条款，高校有权要求合同相对方必须严格按照合同中的相关规定，按照诚信原则、全面履行原则履行合同。在企业捐赠、校外企业和有关当事人设定的奖学金评定上，则有权要求捐赠人严格按照事先拟定的协议履行。高校担负着较多的社会培训任务，高校有权要求培训工作严格按照事前提供的章程和文件执行，对于合作方或学生出现的推诿和违约情形，有权要求合作方或学生承担相应的违约甚至是侵权责任。

二、权利的来源

我国相关法律对于法人的类型有明确的规定，我国的教育行业中的法人按照法律规定的类型来进行判断可以得知，高校属于事业单位，需要注意的是，我们这里所说的事业单位的概念，主要是指以社会的公共利益为目的的单位，其在办学过程中所使用的资金都是由国家承担。

自高校成立的那天开始，高校就同时具有了法人的资格。事业单位法人依据我国法律中的《事业单位登记管理暂行条例》及其他有关法律法规，经事业单位登记管理机关登记或备案，完成获取法人资格的法定程序，在开展活动时，需有《事业单位法人证书》作为法人身份的合法凭证。高校具有民事权利主体资格。作为社会组织，高校具有不同于自然人的民事权利和民事行为能力。

虽然高校依据行政审批而设立，财产和经费由国家行政划拨，但是作为独立的法人，高校对财产拥有独立支配的民事权利，能够独立参加民事活动，并承担相应的民事责任。作为事业单位法人的独立财产，高校对特定范围内的财产享有所有权或经营管理权，能够按照自己的意志独立支配，同时排斥外界对法人财产的行政干预。按照法人设立的条件要求，高校要有自己的名称、组织机构和场所。

高校名称是其区别于其他社会组织的标志符号，能够表现出高校的学术特征和教育研究方向。经过登记的名称，高校享有专用权。高校的组织机构需要按照教学需要和管理需要进行设置，能够满足健康有序的要求开展工作。在民事法律责任承担方面，高校以自己的名义独立承担责任，高校的组成部分和下设机构则因为不是独立的法人，不用对高校的债务承担民事责任。

第二节　高校学生管理权

高校学生管理权是自主权的集中体现，高校学生管理权是高校为了实现高等教育的目的，依法作为权利主体，合理利用资源进行学生教育管理活动的权力。高校学生管理权是随着高等教育产生，政府权力下放和高校自身发展需要的产物。近年来，我国已制定了大量教育类法律法规和部门规章，如《教育法》《学位条例》《普通高等学校学生管理规定》等，为高校依法办学、依法管理提供了法律依据。

一、权利的类型

高校学生教育管理工作是一项复杂长期的工作，涉及很多方面的内容。我们这里所说的高校对学生的管理是指从学生入学报到至毕业离校手续办结期间，高校对在校生的管理，涉及学籍管理和日常管理等方面。

高等教育的公共性原则要求高等学校管理权内容的完整性，我国的相关法律对此有相关的规定，教育活动生存的的条件首先是要符合我国的最高利益。这样的办学原则就要求教育机构都应以促进学生身心发展和教育事业发展为主要目的，教育要符合社会的公共利益，要对国家、社会和人民公共利益负责，保证教育制度的正常运转。据此，高等学校的管理权为保证符合公共利益的目的，就必须内容全面，不应当存在残缺。可能存在的残缺就意味着此方面的公共利益无法全面实现。

（一）教育行政许可

教育行政许可权是高校作为法律授权组织享有的在授权范围内的教育行政事务进行鉴别，依法给予许可、审批、确认的权力。学历学位授予权在这里主要是当学生提出相应的申请之后，学校经过一系列的审核与检查并通过相应的材料证明学生可以获得学位证时，学校予以批准，这是高校教育行政许可权的主要内容。赋予学生学位是高等学校的法定职责，并且在我国的相关条例中还明确规定了学士学位授予权方式由国家授权并指派的。

《教育法》第 21 条第 2 款对颁发证书有着明确的规定，只要是在国家承认的基础上不管是学校还是一些机构都是可以在遵循国家相关条例的前提下颁发相关的证书，从这句话我们就能够看出来，这些学校或者是机构必须是国家认可的。颁发毕业证书、学位证书在现行法律规定下应当属教育行政管理的范畴，受教育者对此有异议的，可以提起行政诉讼。颁发证书的机构是法律法规授权的学校和教育机构，同时颁发的条件和程序要严格按照法律和行政法规行使，比如《学位条例暂行实施办法》、《研究生学籍管理规定》等。

另外，该项行政权力的行使属于教育行政管理部门的单方行为。要想取得学业证书，学生所要做的就是尽量做到满足取得学位所必须的条件，但是需要注意的是，硕士学位、博士学位需要提交申请书及学术论文，经学位授予单位审查，决定是否同意申请。硕士学位、博士学位虽需要申请，但毕业证和学位证的颁发，由教育行政部门及授权机构根据法律法规的规定单方面决定，无须征求相对人的意见，更不能与相对人协商。

（二）办学自主

在没有法律法规授权的情况下，教育行政机关不能够随意采用审批、审核、确认、核准等实质许可的方式干涉学校的办学自主权。《高等教育法》第 11 条规定，高等学校应当面向社会，依法自主办学，实行民主管理。这一条规定中我们可以清楚地看到，高等教育是具有办学自主权的。而我们这里所说的办学自主权，实际上就是指高校在办学过程中，为了能够更好地管理学校，从而实现其教学目的而进行的对学校合理的管理，这有点像我们人的成长过程，在我们小的时候，都是父母陪伴在左右，时刻不离身边，但是随着我们逐渐长大，学习工作的需要就不能时时刻刻都让父母陪在身边，需要我们自己独立去管理我们自己。按照《高等教育法》中的相关规定，高等学校的办学自主权主要包含以下几个方面的内容。

1. 教学

对于教学来说想必我们都不陌生，习惯上我们也称之为教育教学活动实施权。

一般来说，高等学校可以自主地根据本校的培养目标、任务以及不同专业和师生的特点来实施具有本校的特色教学。高等教育是规模性教育，之所以这么说，主要是因为，在授课的过程中，教师并不能对学生进行一一指导，即便是有这样的情况，也是因为学生凭个人能力解决不了这个问题，必须要寻求教师的帮忙，为保证每个学生最大限度地从高等教育中受益，必须保证高校教学秩序有序稳定。

《教育法》中相关条例有明确规定，学校有组织实施教育教学活动的权利，其第 34 条也对此项权利的内容作了明确规定。此种权利的表现形式为学校的正常教学教育管理应有序进行，不应当受到外界因素扰乱。《教育法》第 28 条第 1 款第 8 项的规定也体现了对这一权利的保障，即学校有权拒绝任何组织和个人对教育教学活动的非法干涉。

2. 招生

在《教育法》第 28 条第 1 款第 3 项中对学校的招生权作了广义的规定，简单来说就是学校有招收学生及其他受教育者的权利。《高等教育法》第 32 条则对高等学校招生权的内容做了明确的规定，学校在对学生进行招收的过程中，需要根据专业特点对所招学生设置特殊规定的条件；在国家规定允许的范围内自主决定学生的收费标准等。需说明的是，这种招生权是一种有限的行政处分权，受国家普通高校全国统一招生考试政策的制约。

3. 内部教师聘请、机构设置

高等学校有权根据自己的教学任务、培养目标和教育教学的需要，本着精简效能的原则，自主设立、调整学校内部的机构设置和人员配备。有权根据教师和其他专业技术人员的表现，对他们进行评定和聘任，并且按照国家有关规定，以按劳分配、多劳多得为原则，调整教师和其他员工的津贴和工资。

4. 设置调整学科专业

高等学校根据国家经济和社会发展需要，遵循教育规律，以提高教育教学质量和办学效益为目的，在国家颁布的学科、专业目录内合理选择，设置或者调整本校的学科、专业，使学科和专业的设置更加体现效能的原则，符合时代的需要。

5. 开展科学研究

每所学校有其一定的优势，都有其擅长研究的领域，这就像是我们人一样，每个人都有自己的独特的天赋，有的人天生就唱歌好听，并且喜欢唱歌，而有的人天生对数字就比较敏感，任何人说一组数字他都能记得非常清楚。学校的研究领域也是这样的，一个学校不可能对每个领域都是痒样精通，他们有自己独特发展的方向，因此，高校要充分利用这个有利的条件展开相应的科学研究，从而鼓励更多的人投入到研究中，学生们都看到如此多的成果之后，也会在内心中萌发开展研究的念头，这从侧面推动了教育事业的发展。

6. 财产管理与使用

高等学校对举办者提供的财产、国家财政性资助、受捐赠财产依法自主管理和使用，但不得将用于教学和科学研究活动的财产挪作他用，否则将承担相应的法律责任。

《教育法》相关条例中明确规定，学校及其他教育机构可以按照章程自主管理。高校自主管理权是高校在法律上享有的、为实现其办学宗旨、独立自主的进行教学管理活动的资格和能力。

另外，《高等教育法》第 37 条规定，高等学校根据实际需要和精简、效能的原则，自主确定教学、科学研究、行政职能部门等内部组织机构的设置和人员配备；按照国家有关规定，评聘教师和其他专业技术人员的职务，调整津贴及工资分配。

再有《高等教育法》第 38 条第 1 款也规定，高等学校对举办者提供的财产、国家财政性资助、受捐赠财产依法自主管理和使用。

7. 开展对外文化交流

高等学校按照国家有关规定，自主开展与境外高等学校之间的科学技术文化交流与合作。这可以使我国的高等学校学习和借鉴外国先进经验，吸引国外资金和优秀文化成果，提高我国高等学校的办学水平。

（三）制定校内规章制度

高校为了实现教育管理目的而享有依法自行制定相关规范性文件的权

利。《教育法》第28条规定，学校有权按照章程自主管理，这里所说的章程，不仅包括相关教育法律法规，也包括学校自行订立的各项制度。高校规范性文件的制定过程中适用“法律保留”原则，不得与宪法和法律相抵触，不能逾越法律法规的授权。

《高等教育法》第53条第1款规定：“高等学校的学生应当遵守法律、法规，遵守学生行为规范和学校的各项管理制度……”此法律也确定了高校自定管理制度在高校范围内的法律有效性。

（四）惩戒学生

高校的学生惩戒权分为两部分：一部分是国家授权的惩戒权，此部分惩戒权要接受行政监督；另一部分是高校自行设定的处罚权，属于高校自由裁量权的范畴。《普通高等学校学生管理规定》对于学校的处分权做出了明确的规定。高等学校在制定自身规章制度时，对于学生处分的章节部分必须严格遵循《普通高等学校学生管理规定》的内容，而不能擅自扩大或缩小处分范围。该规定第52条指出，对有违法、违规、违纪行为的学生，学校应当给予批评教育或者纪律处分。学校给予学生的纪律处分，应当与学生违法、违规、违纪行为的性质和过错的严重程度相适应。高校做出的纪律处分种类有：警告、严重警告、记过、留校察看和开除学籍。

《普通高等学校学生管理规定》第17条规定，学生不能按时参加教育教学计划规定的活动，应当事先请假并获得批准。未经批准而缺席者，根据学校有关规定给予批评教育，情节严重的给予纪律处分。

条例中第54条规定，对于学校可以给予学生开除学籍处分的做出条件进行了严格的界定，学生只有出现如下行为，才可被开除学籍。

（1）违反治安管理规定受到处罚，性质恶劣的。

（2）违反学校规定，严重影响学校教育教学秩序、生活秩序以及公共场所管理秩序，侵害其他个人、组织合法权益，造成严重后果的。

（3）违反宪法，反对四项基本原则、破坏安定团结、扰乱社会秩序的。

（4）剽窃、抄袭他人研究成果，情节严重的。

（5）屡次违反学校规定受到纪律处分，经教育不改的。

（6）触犯国家法律，构成刑事犯罪的。

（7）由他人代替考试、替他人参加考试、组织作弊、使用通信设备作弊及其他作弊行为严重的。

（五）学籍管理

学籍管理权是保证高校教学活动顺利开展不可或缺的制度性规范。《教育法》第 28 条第 1 款第 4 项规定，学校对受教育者进行学籍管理，实施奖励或者处分。《普通高等学校学生管理规定》用大量篇幅对于高等学校的学籍管理权做出了详细的规定，其第 52 条规定，对有违法、违规、违纪行为的学生，学校可视其情节轻重给予批评教育或纪律处分。学校对学生可做出以下五种处分形式，包括警告、严重警告、记过、留校察看、开除学籍。依据该规定，高校有权自主确定学生学习年限、自主决定学生调整专业；对考试作弊者满足规定条件可以开除学籍。第 14 条规定，学生学期或者学年所修课程或者应修学分数以及升级、跳级、留级、降级、重修等要求，由学校规定。第 16 条规定，学生严重违反考核纪律或者作弊的，该课程考核成绩记为无效，并由学校视其违纪或者作弊情节，给予批评教育和相应的纪律处分。给予警告、严重警告、记过及留校察看处分的学生，经教育表现较好，在毕业前对该课程可以给予补考或者重修机会。

（六）校园秩序管理

《高等学校校园秩序管理若干规定》第 3 条第 2 款规定："学校应当加强校园管理，采取措施，及时有效地预防和制止校园内的违反法律、法规、校规的活动。"校园秩序管理权涵盖校园进出许可、新闻报道、公寓管理、校内文化活动管理、校内政治活动管理、校内团体管理、校内经商管理等多方面内容。

《高等学校校园秩序管理若干规定》第 5 条至第 17 条对以上各方面学校所拥有的管理权利做出了详细规定，并在第 18 条第 1 款规定了学生妨碍学校行使相关权利时的处理措施，即"对违反本规定，经过劝告、制止仍不改正的师生员工，学校可视情节给予行政处分或者纪律处分；属于违反治安管理行为的，由公安机关依法处理；情节严重构成犯罪的，由司法机关处理。"因校园秩序管理权涉及学生在校学习生活的方方面面，高校在行使校园秩序管理权的过程中，必然要对学生各项权利产生一定的影响，甚至可能侵犯学生民事权利，产生高校与学生的民事法律纠纷。

《高等教育法》第 57 条规定，高等学校应当对学生的社会服务和勤工助学活动给予鼓励和支持，并进行引导和管理。该规定既赋予了高等学校对学生社会服务和勤工助学活动进行管理的权利，也规定了学校必须保证将这项工作引导和管理好的义务。

二、权利的来源

高校学生教育管理权的权利来源于三个方面，法律法规授权是高校学生管理权的主要来源。《高等教育法》第18条第1款规定，“高等教育由高等学校和其他高等教育机构实施”，这也表明高校学生管理权是国家教育权的重要组成部分，高等学校以被授权人的身份来实施此项权利，高校学生管理权中的颁发学位权、学籍管理权、对学生奖励处分权都是法律法规授权取得的行政管理职权。

上级主管部门委托产生是部分高校学生管理权的来源。行使此类权利时，高校作为被上级主管行政机关委托的权利主体，行使一定的学生管理职权。行使此项职权时，高校不能以自身名义行使，也不能以自身名义承担责任。例如，部分公安机关赋予高等学校公安处行使的以学校及周边地域为管辖范围的部分公共安全管理职能，就属于此类权利范畴。高校学生管理权中来源于上级机关委托的部分，不能超越上级机关委托范围。

基于高校公共服务性而获得的公共管理权是高校学生管理权的补充来源。高等学校是公共事业单位法人，在学校范围内实施高等教育公共服务，具有很强的公益性。为实现高校的公益性目的，高校需要享有部分法律法规授权外的权利，即特定情况下的办学自主权，来对高校这一特殊的公共场所进行管理。由于法律自身限制，法规不能够将高校所应具有的各项管理权利一一列出。在授权之外，高校教育管理学生所必需的各项权利都属于公共管理权范畴，此种权利往往在高校内部管理规定中加以明确。

第三节　高校学生教育管理的义务

一、主要内容

高校学生教育管理义务的主要内容主要表现在以下几个方面。

（一）依法承担相应民事责任

作为独立的事业单位法人主体，高等学校独立承担民事责任。《高等教育法》第30条规定，高等学校自批准设立之日起取得法人资格。高等学校的校长为高等学校的法定代表人。高等学校在民事活动中依法享有民事权利，承担民事责任。高等学校所承担的民事义务具体包括财产合理使用义务，赔偿和救助义务、违约损害赔偿义务。

1. 财产合理使用义务

高等学校有按照规定使用经费的义务。《高等教育法》第 64 条规定，高等学校收取的学费应当按照国家有关规定管理和使用，其他任何组织和个人不得挪用。根据《事业单位登记管理暂行条例》第 15 条规定，事业单位开展活动，按照国家有关规定取得的合法收入，必须用于符合其宗旨和业务范围的活动。事业单位接受捐赠、资助，必须符合事业单位的宗旨和业务范围，必须根据与捐赠人、资助人约定的期限、方式和合法用途使用。据此，高等学校开展各项活动，按照国家有关规定取得的合法收入，必须用于符合办学宗旨和业务范围的活动。高等学校接受的校友及社会捐赠、资助，必须符合高等学校的宗旨和业务范围，必须根据与捐赠人、资助人约定的期限、方式和合法用途使用。而根据《事业单位登记管理暂行条例》第 16 条规定，事业单位必须执行国家有关财务、价格等管理制度，接受财税、审计部门的监督。

2. 侵权赔偿义务

在高校学生伤害案件一般应用过错原则和公平原则。在划定高校赔偿责任时，如因高校在教学、管理中的过错引起的学生伤亡，属于高校责任的，高校需要承担相应的民事赔偿责任；如果高等学校在学生伤害事故中没有出现过错，就不需要承担损害赔偿责任。在司法实践中，高等学校往往在自身无过错的前提下，给予学生一定的经济帮助，但此种行为不属于高校义务范畴。

3. 承担违约责任义务

高等学校作为独立的法人主体，有自己的财产，可以以自己的名义对外承担法律责任。高校可以与其他社会主体签订民事合同，在这个过程中双方具有平等的民事主体地位，高等学校如不能严格履行合同规定的条款，需承担违约责任。

（二）程序正当

高校自身教育管理工作有着自身的程序规则，要求高校教育管理部门必须依据法律法规制定高校的教育管理规章制度，并严格依照程序实施这些制度。高等学校的程序正当义务，应包含以下几个方面的内容。

1. 执行程序正当

即制度的执行必须严格遵照程序进行。制定程序正当与执行程序正当的关系相辅相成，制定程序正当是执行程序正当的前提条件，而执行程序正当是制定程序正当的实现途径。

2. 权限法定

高校应当在自身授权范围内对学生进行教育管理，不能超出权限边界。

3. 制定程序正当

这就是告诉我们要制定制度的程序自身必须合理、公正、科学。

4. 平等

学校在教育管理过程中应公正的对待每一位学生，不因学生的家庭出身等因素对学生产生歧视行为，不偏袒、不徇私。

5. 公正

高等学校应秉公处理涉及学生利益的各种事项，处理手段和结果应当适度，不应过重或过轻。

6. 遵循时效

高校做出的教育管理举措应当及时在法定时效内实施，避免超出时效。

对学生做出处罚时程序公正的义务。《普通高等学校学生管理规定》第55条规定，学校对学生的处分，应当做到程序正当、证据充分、依据明确、定性准确、处分适当。第56条规定，学校在对学生做出处分决定之前，应当听取学生或者其代理人的陈述和申辩。第57条规定，学校对学生做出开除学籍处分决定，应当由校长会议研究决定。第58条规定，学校对学生做出处分，应当出具处分决定书，送交本人。开除学籍的处分决定书报学校所在地省级教育行政部门备案。第59条规定，学校对学生做出的处分决定书应当包括处分和处分事实、理由及依据，并告知学生可以提出申诉及申诉的期限。第60条规定，学校应当成立学生申诉处理委员会，受理学生对取消入学资格、退学处理或者违规、违纪处分的申诉。学生申诉处理委员会应当由学校负责人、职能部门负责人、教师代表、学生代表组成。

严格依照程序进行学籍管理和维护的义务。《普通高等学校学生管理规定》第35条规定，学校应当严格按照招生时确定的办学类型和学习形式，填写、颁发学历证书、学位证书。第36条规定，学校应当执行高等教育学历证书电子注册管理制度，每年将颁发的毕(结)业证书信息报所在地省级教育行政部门注册，并由省级教育行政部门报国务院教育行政部门备案。

（三）保证受教育教学质量

高校是履行教育职能的事业单位，有履行教育职能的义务。高等学校应培养学生具备相应知识和能力，不同学历层次的学生需要达到国家规定的专业标准。对于学生应具备的专业标准，《高等教育法》第 16 条第 2 款作了详细的规定，即专科教育应当使学生掌握本专业必备的基础理论、专门知识，具有从事本专业实际工作的基本技能和初步能力；本科教育应当使学生比较系统地掌握本学科、专业必需的基础理论、基本知识，掌握本专业必要的基本技能、方法和相关知识，具有从事本专业实际工作和研究工作的初步能力；硕士研究生教育应当使学生掌握本学科坚实的基础理论、系统的专业知识，掌握相应的技能、方法和相关知识，具有从事本专业实际工作和科学研究工作的能力；博士研究生教育应当使学生掌握本学科坚实宽广的基础理论、系统深入的专业知识、相应的技能和方法，具有独立从事本学科创造性科学研究工作和实际工作的能力。

高等学校应通过实施教学质量管理体系来确保教学质量。教学质量管理体系的参与者为学生的利益相关者，包括教师、学生、家长、学校和政府。教学质量管理体系一般包括：教学管理责任制、管理系统的教学资源、教学信息输入输出系统、教学质量检查、教学系统分析和改进系统。其中，教学管理责任制包括质量方针和目标、教学质量管理机构的代表人员、教学管理和教学管理评审等。

教学资源管理系统包括教师的吸收和推广、研究和培训、绩效考核、教学设施设备的采购和使用管理、图书馆的图书的数量和类型等；教学信息输入系统包括教学计划、登记和注册，教材使用等；教学过程系统包括教师的教学和学生的学习、研究和发展历程、科学研究、课堂管理等；教学输出系统包括教育和就业；教学质量监控、分析和改进的系统包括听课、教学评估、教材统计技能、调整和校正方法等问题。

大学是学生接受高等教育的殿堂，其目标是培养高质量、能够适应社会需求的综合性和专门性人才，从而对整个社会的发展发挥重要的作用。教学质量是高等学校培养学生是否合格的第一标准，也是学生评价学校的主要标准。学校有责任、有义务通过对教学质量监督和控制来不断提高教学质量。

（四）接收符合条件的学生入学

根据《高等教育法》第 9 条第 1 款规定，公民依法享有接受高等教育的权利。此条规定了公民接受高等教育的权利，进而可以理解为高等学校有接收符合法定条件的公民进行高等教育的义务。第 9 条第 3 款规定，高等学校必须招收符合国家规定的录取标准的残疾学生入学，不得因其残疾而拒绝招收。

（五）有序开展日常学生管理工作

学生日常教育管理工作是高等学校接触学生最为密切的工作。学生日常教育管理工作具体包括学生日常教育管理工作、毕业生工作、心理健康教育、就业服务工作。学生日常教育管理工作的任何一方面出现问题，都会对学校全局产生不利影响。

高等学校在学生日常教育管理中的义务包括以下几个方面的内容。

（1）鼓励学生参加社会实践的义务。《普通高等学校学生管理规定》第 46 条第 1 款规定，学校应当鼓励、支持和指导学生参加社会实践、社会服务和开展勤工助学活动，并根据实际情况给予必要帮助。

（2）建立健全宿管制度的义务。《普通高等学校学生管理规定》第 49 条规定，学校应当建立健全学生住宿管理制度。学生应当遵守学校关于学生住宿管理的规定。

（3）信息公开的义务，除涉及国家机密、学生隐私的信息外，学校教育管理信息均应当向学生及社会公开，学生教育管理各项举措的制定和实施过程均应当公开、透明。

（4）对于学生不合理、不合法行为劝阻的义务。《普通高等学校学生管理规定》第 47 条规定，学生举行大型集会、游行、示威等活动，应当按法律程序和有关规定获得批准。对未获批准的，学校应当依法劝阻或者制止。

（5） 学生资格审核的义务。《普通高等学校学生管理规定》第 8 条规定，新生入学后，学校在三个月内按照国家招生规定对其进行复查。复查合格者予以注册，取得学籍。复查不合格者，由学校区别情况，予以处理，直至取消入学资格。凡属弄虚作假、徇私舞弊取得学籍者，一经查实，学校应当取消其学籍。情节恶劣的，应当请有关部门查究。

（六）制定校内制度合法合理

高等学校制定的各项规章制度需要遵循法律优先、法律保留的原则。法律优先原则一直是中国法律界公认的必须遵循的基本原则。尽管高校有着自身的办学自主权，有着自身的办学宗旨和教育方式，但这些因素都不能成为高校规避法律的原因。高等教育的自由裁量权也是由法律所赋予的，高校的各种行为必须接受法律的监督。

高等学校应该坚持法律优先的原则，法律优先要求高校在制定和完善自己的规章制度时，应当根据当前法律法规的要求进行制定和维护，教育管理系统规章不应与法律和上级部门的规定存在冲突现象，这样才能确保高校内部规章制度的合法有效。任何与现行的法律法规冲突的高校规则均应视为无效。在法律优先的前提下，高等学校自身的自由裁量权也应当受到法律的保护，但要避免自由裁量权的滥用问题，限制自由裁量权的无限膨胀。

高等学校校规校纪的内容应当尽可能明确化和标准化。学校规章制度设计应该具体便于操作，尽可能避免概括、含糊、容易引发歧义的语句，建立明确的实体和程序系统。学生可以从学校规章制度中明确判断出自己的行为带来的可能后果。惩罚性的规章制度制定应坚持错罚相当的义务，对于高校学生的处罚，应考虑教育内容和惩戒内容的适当比例，以达到轻惩重戒教育的目标。

（七）保障支持学生参加学校民主管理

在《普通高等学校学生管理规定》中我们可以看到，规定中已经明确提出了学生参与高校管理的权利与义务，这从某种程度上来说为学生参与高校管理提供了保障。其中第 41 条规定，学校应当建立和完善学生参与民主管理的组织形式，支持和保障学生依法参与学校民主管理。在我国，学生参与高校管理也受到了许多关注，我国政府也正积极尝试着，试图通过各种途径促进学生参与高校管理。2006 年 3 月，在中国发展高层论坛年会上，原教育部部长周济指出：“这一庞大的高学历群体不应该也不可能排斥在权力的边缘，他们会自然而然地从自身的利益和价值判断出发要求参与高校事务的管理。”可见，在学校生活的方方面面都能找到学生参与高校管理的领域。

教育管理者作为教学活动的参与者，学生可以在教学质量测评、教师评估，甚至是教学方案的设计等各个层面提出合理的建议；在生活领域，学生也应发挥他们的强大作用，在课外活动、学生服务和宿舍管理等与学生息息相关的方面，如果能将学生参与融入管理中，都将产生巨大的正向作用。

从近几年的发展情况来看，高校管理者治校理念随着时代的进步日益更新，学校也通过各种途径积极鼓励学生参与学校的管理活动，学生们的参与热情不断高涨。高校学生参与学校管理的内容不断丰富，不仅包括对自身和班级事务、教学科研、后勤保障等方面的管理，还逐步渗透到对学校重大问题决策的参与中。可以说，这些改进为政府促进大学生参与高校管理提供了不可多得的平台。

（八）保护学生合法权利

在教育教学管理中，高等学校有责任确保学生的合法权益实现，同时还应采用强有力的手段来加大学生的权利救济力度。比如说，在对学生做出某些处理决定之前，教育管理者有义务通知学生的申诉权和诉讼程序，对于学生做出的纪律处分必须在听取完学生申辩后才能做出。在即将做出对全部或部分学生的利益产生影响的决策时，应当有义务充分公开听取学生的意见建议。

（九）保护未成年学生

《中华人民共和国未成年人保护法》(以下简称《未成年人保护法》)第 17 条至第 26 条对于学校在未成年人保护方面的义务进行了明确的规定。《未成年人保护法》第 17 条规定，学校应当全面贯彻国家的教育方针，实施素质教育，提高教育质量，注重培养未成年学生独立思考能力、创新能力和实践能力，促进未成年学生全面发展。

高校首先应当尊重未成年学生的各项权利。在《未成年人保护法》中我们可以看到有这样一条规定，保护法中第 18 条规定，学校应当尊重未成年学生受教育的权利，关心、爱护学生，对品行有缺陷、学习有困难的学生，应当耐心教育、帮助，不得歧视，不得违反法律和国家规定开除未成年学生。

从人身安全的角度来说，学校应当建立安全制度，加强对未成年人的安全教育，采取措施保护未成年人身安全。学校不得在危及未成年人人身安全、健康的校舍和其他设施、场所中进行教育教学活动。学校安排未成年人参加集会、文化娱乐、社会实践等集体活动时，应当有利于未成年人的健康成长，防止人身安全事故发生。高校应注重增强未成年人的自我保护意识和能力。

学校对于未成年学生具有一定范围内的救助义务。学校对未成年学生在校内或者本校组织的校外活动中发生人身伤害事故的，应当及时救护，妥善处理，并及时向有关主管部门报告。

教育管理者在实行对于未成年学生的教育管理方面，首先，学校要明确一点，这一时期的学生的心理与身体发展状况，因此，要求相关管理者应当根据未成年学生身心发展的特点，对他们进行相关的社会生活指导、心理健康辅导和青春期教育。学校应当与未成年学生的父母或者其他监护人互相配合，保证未成年学生的睡眠、娱乐和体育锻炼时间，不得加重其学习负担。

对于在学校接受教育的有严重不良行为的未成年学生，学校和父母或者其他监护人应当互相配合加以管教。学校教职员工应当尊重未成年人格尊严，不得对未成年人实施体罚、变相体罚或者其他侮辱人格尊严的行为。根据《未成年人保护法》第 11 条的规定，学校有义务引导未成年人进行有益身心健康的活动，预防和制止未成年人吸烟、酗酒、流浪、沉迷网络以及赌博、吸毒、卖淫等行为。

（十）安全防范

安全防范义务指的是高校有维护校园正常秩序的义务，应保证在校园中学生合法权益免受侵害的义务。《普通高等学校学生管理规定》第 40 条规定，学校应当维护校园正常秩序，保障学生的正常学习和生活。加强维护校园治安秩序对维护学校的教学秩序稳定，保障师生人身财物安全，社会稳定，和谐发展都有着极大的必要性和重要性。2002 年教育部颁布的《学生伤害事故处理办法》中，对学生伤害事故的范围、学校的相应职责，学生承担过错责任的程度以及出现学生伤害事故的处理办法都做了明确的规定。该办法要求学校的安全保卫、消防、设备管理不能存在明显的疏漏，向学生提供的药品、食品、饮用水应当符合国家卫生标准，学校教职员工应当恪尽职守，不能出现违反工作要求、道德操守、操作流程的行为。高校如出现以上问题而导致学生产生伤亡事故，学校都应当承担相应的赔偿责任。

《学生伤害事故处理办法》在对于学校义务的此项规定中使用了过错责任原则，即学校如无过错则不承担相应责任。鉴于高校学生大部分已年满 18 周岁，具有完全的民事行为能力，高校对于学生权益的保护，侧重于整体性保护。高校只要给学生提供安全可靠的学习生活环境，就完成了自己的义务内容。学生在学校提供的环境中，只要遵守正常的教学和生活秩序就可以避免权益受损的现象发生。学校无义务去排除每个个体在特殊情况下受到伤害的可能性。

安全防范义务的一个重要方面就是增强学生的安全意识。由于我国大学教育之前的各阶段教育以高考为指向，导致了素质教育的缺失，高校学生入学时的安全防范意识普遍较差，防盗、防火甚至交通安全知识都严重匮乏，缺乏相应的安全训练，遇到突发事件容易惊慌失措，导致严重后果。因此，高校有义务完善高校安全教育，提升学生安全意识和自救能力，最大限度地避免校园学生伤害事件发生。

为了能够更好、切实地履行安全防范义务，高等学校安全保卫部门应是保持高校治安稳定，保证学校在教学、科研、工作和生活秩序顺利进行的基础队伍，同时也应当建立一个万无一失、疏而不漏的校园安全网络联动体系。对于校园中可能出现的突发事件，高校应具有一定的突发事件及时应对处置能力。高校突发事件往往难以预测，一旦出现会迅速蔓延和扩散，难以防控，对此，学校应该建立紧急处置预案，建立完善的应急预警和监测机制。事故一旦发生，各部门可以快速集结，形成联动，及时处理危机，隔离无关人员，避免恶性事件的发展。

二、义务的来源

高校学生管理的义务的来源主要有以下几个方面。

（一）《教育法》

我国《教育法》规定的学校及其他教育机构的义务主要包括以下几个方面的内容。

（1）采用一些容易被人接受的方式使得监护能够了解接受教育的人在学校的基本情况，这些基本情况中主要包括学生的学习状况、生活适应度以及相关的考试成绩等。

（2）相关人员需要遵守法律、法规。

（3）依法接受监督。

（4）维护受教育者、教师及其他职工的合法权益。

（5）遵守国家有关规定收取费用并公开收费项目。

（二）《事业单位等级管理暂行条例》

鉴于高等学校属于国家事业单位性质，也应当遵守国家事业单位的相关义务。《事业单位登记管理暂行条例》于1998年9月25日国务院第八次常务会议通过，其第2条第1款规定，事业单位是指国家为了社会公益目的，由国家机关举办或者其他组织利用国有资产举办的，从事教育、科技、文化、卫生等活动的社会服务组织。

条例中第15条有明确规定，事业单位在开展活动时，需要按照国家有关规定取得的合法收入，必须用于符合其宗旨和业务范围的活动。事业单位接受捐赠、资助，必须符合事业单位的宗旨和业务范围，必须根据与捐赠人、资助人约定的期限、方式和合法用途使用。第16条规定，事业单位必须执行国家有关财务、价格等管理制度，接受财税、审计部门的监督。第17条规定，事业单位应当于每年3月31日前分别向登记管理机关和审批机关报送上一年度执行本条例情况的报告。

（三）《高等教育法》

《高等教育法》于1999年1月1日起实施，其总则篇中规定了我国高等教育所应当承担的义务：第 4 条中明确规定，我们首先必须清楚，学校的教育是为了我国的社会主义服务的，我们在第三次科技革命的洗礼下，亲眼见证了科技带给我们生活的便利与好处，让我们的生活更加快捷，工作变得更加简单，这样的生活去都是得益于高科技的发展，因为我们作为教育行业的工作者，需要为社会的发展培养更多的科技方面的创新人才，这样才能推动社会的发展，为社会的繁荣做出贡献。另外，在第五条中还对教育的人物进行了明确规定，这与上述我们所说的都是相通的，只有大力发展科技才是如今发展的正确方向。

除了上述我们所说的之外，我们可以发现，在分则中也对相关义务做出了必要的规定。第 24 条明确规定，国家在对设立高校时应该明确规定高校的任务，设立高校的首要目的就是要培养专业的创新型科技人才，其目的是公益性的，不存在个人利益的交换关系。在一些其他的条例中也规定高等学校不得将用于教学和科学研究活动的财产挪作他用；第 59 条第 1 款规定，学校在学生临毕业前需要做的及时为学生提供必要的后盾支持，学生在学校中学到的知识都是学校教的，可以说学校对他们的能力是了如指掌，当学生毕业后，学校有义务为学生进行毕业指导，帮助学生就业，提高就业率。

在这里，我们不得不说的就是校长，校长是一个学校的领军人物，学校的发展前景，学校的总体发展方向都是由校长带领相关的管理者同时决策规定的，因此校长的责任是非常重大的，并且对于校长这种起带头作用的责任条例中也有明确的规定，说明我国对于校长在学校中的领导地位是非常重视的。

（四）《普通高等学校学生管理规定》

通过我们对这条法规的查找与阅读可以发现，在这条法规中我们了解到学校的目的是要为社会培养相关方面的人才，这也是其教育的总体目标与根本任务，学校需要在我国法律的基础上，同时在遵循教育规律的基础上管理学生，从而完成相应的教学任务。另外，我们还需要在管理的同时提升学校的管理水平，为培养社会主义的人才奠定坚实的基础。

第六章　高校学生事务管理中的主体

在高校学生事务管理中，发挥作用的主体主要包括专门组织和学生事务管理者，其中我们这里所说的专门的组织诸如学生工作处、校团委、院(系)学生工作组等都属于这一范畴。

第一节　高校学生事务管理人员所具备的能力

随着现代社会的不断发展，社会生活中的一些不确定性因素也逐渐增多，由简单原因引起复杂结果的事件随时都可能发生。面对复杂局面和突发事件，要求学生事务管理者做到思维敏捷、判断准确、决策及时、行为果断。

一、决断力

决断力对应于群体或组织目标实现过程的能力，主要包括正确而果断决策的能力。从学生事务管理的视角来看，决断力是指遇到突发事件能够果断处理，随机应变的能力。学生事务管理者应密切关注影响学生思想和行为的直接或间接因素，准确把握学生思想和行为变化的临界值，增加对思想行为可变因素的敏感性。

二、感召力

感召力对应或来源于被领导者的能力，即吸引被领导者的能力。从学生事务管理的视角来看，感召力是指通过个人高尚的道德品质、广博的知识素养、坚强的意志品质等，用自己的人格魅力来吸引学生，成为深受大学生欢迎的良师益友。让这种无形的力量渗透到学生的学习、生活等各个方面，以潜移默化地影响学生，引导学生不断地完善自我。

三、控制力

控制力对应于控制目标实现过程的能力。从学生事务管理的视角来看，控制力是指能够把握工作的节奏，顺利推进工作的进度以实现预定目标的能力。学生事务管理者能够从现实出发，通过对当前所存在的一些表面现象，经过细致的分析之后，逐渐总结出一些在针对学生管理方面切实可行的方法与可用的规律。另外，教育管理接在原有计划的基础上，时常进行补充与相应的修改也是非常有必要的，毕竟发展形势不在我们的掌控之下，我们只要在适当的时候增加相应的对策，这样在解决问题的时候我们才不至于捉襟见肘。

四、前瞻力

基于领导过程进行分析，前瞻力对应于群体或组织的目标和战略制定能力。从学生事务管理的视角来看，前瞻力包含两个方面：一方面，对国家政策和形势有全面把握，并能结合工作实际及时做出工作规划调整，以顺应国家的需要，适应社会的要求；另一方面，对学生当中容易出现的问题有预防方案。目前，我国正处于社会转型时期，社会对人才的需求在不断变化，这要求学生事务管理者不断更新教育理念，改革教育方式，制订科学合理的培养方案，培养适应社会需要的人才。

五、影响力

基于领导过程进行分析，影响力对应于影响被领导者和情境的能力。从学生事务管理的视角来看，影响力是指通过个人的行为示范来影响学生。学生事务管理者在公开的场合，能够准确表达自己的观点、善于做演讲和宣传，能够很好地影响学生有意识地培养自己的语言表达能力。

在各种文艺表演中，能够娴熟自如地表演自己的才艺，能够引导学生努力拓展自己的文艺素质，促进自我全面发展。诸如此类，学生事务管理者通过自己的言行，利用不同的契机来影响学生，引导学生全面发展，促进学生成长成才。

六、协调力

辅导员在工作中，既要学会“弹钢琴”，又要善于抓住主要矛盾，区分轻重缓急，集中精力，解决迫在眉睫的紧要问题。任何一个学生集体内部、学生集体和其他集体之间有各种各样的矛盾，如何处理好这些错综复杂的矛盾，使集体在不断协调中保持相对的稳定和平衡，这就需要有协调能力。协调时既要有原则性，又要有灵活性，原则性问题一定要立场坚定，在非原则性问题上要让步。这样，才能化消极因素为积极因素，调动一切积极性，实现培养目标。

七、沟通力

沟通能力对于我们来说是非常重要的，这不仅是我们在学习中需要总结的，同时也是在日后的工作中需要注意的。一个人的沟通能力的强弱有时候能够决定他在这个工作环境中生存的时间。

作为辅导员首先要清楚的就是，我们所面临的学生简直就是“五花八门”，用这个词语来形容学生可能不太恰当，但是除了这个词之外，好像也确实没有更好的词源来对学生进行描述。

学校中的学生是来自不同的地区，有的还很有可能是不同的国度，可能面临着语言不通的难题，但是通常情况下不会这么特殊。一般来说都是我们国家的学生，只不过是地区的差别而已，但是虽然是这小小的地区差别，也会使辅导员在短时间内非常头疼，就拿南方与北方的极端特例来说，南方的学生一般来说都比较细腻，对于同学之间说的一些话他都会记在心里，当时当面的时候并不会马上说出来；而北方的学生则不是这样，北方人的性格都比较彪悍、爽朗，遇事只要是对自己不利的或者是有损害自己或者身边朋友利益的都会马上说出来，当面与你说清楚，很多情况下同样是这种性格的两个人碰在一起就容易发生一些不愉快的摩擦，导致同学之间的管理产生隔阂。这时辅导员需要做的就是进行沟通，使双方的关系得到缓和。

上述我们所说的这些是与我们的生活环境有联系的一些事情，当然，在不同的家庭环境中所孕育的学生的个性特征也有所差异，这个需要视个体情况而定。但是由此我们可以发现，辅导员的沟通能力是解决这些问题的关键所在。必要的时候，辅导员可以在空闲的时间对自己的沟通能力做一个小小的检测，看自己是否符合做辅导员的标准，如果答案是否定的，那么就需要在这些突发事件发生之间努力提升自己的沟通能力，为将来解决这样的事件奠定基础。

八、管理力

辅导员存在的根本目的就是为了管理学生，作为一个管理人员，其管理能力的高低是非常重要的，首先辅导员如果管不了学生，学生一定会任意妄为，带坏整个班级的风气；其次，辅导员的管理能力强，不仅提高的教学的效率，同时还对学生的发展提供一个良好的生存空间，可谓是一举两得。从本质上来说，辅导员对学生进行管理的目的主要就是追求效率，管理能力是指组织者能否提高工作效率的水平高低。对于辅导员来说，是否在学期初就对本学期的工作有整体的计划，工作计划是否是在充分考虑学校安排以及学生需求等具体情况之下所制定的，工作过程中是否严格按照预定计划开展活动并对活动情况进行评估，是否能够充分调动和依靠班级学生参与班级事务的管理之中等，都是考察一个辅导员管理能力高低的因素。

第二节　高校学生事务管理人员的心智素质

学生事务管理关注并作用于学生的生活世界，在实现服务功能的同时，能够帮助学生自己去打开生活这本书，从中找到生活的意义，去发现生活中的种种美好事物，引导学生不断拓展他们的生活实践，丰富他们的生活经验，建构起更有深度和广度的意义场域。

一、知识结构

对于学生事务管理者来说，拥有合理而高效的知识结构，应包括马克思主义关于人的本质及全面发展的理论等核心理论作为基础学科知识。同时，还应包括本体学科知识、社会科学等相关学科知识作为外围知识层次。另外，在工作实践中，还应包括演讲、写作、社会调查等操作性学科知识。

学生事务管理是以服务为载体，在学生的生活世界来实现教育功能。当今的年轻人，思维活跃、思想开放、价值多元化。要想在生活中赢得他们的尊重、佩服和信任，就要求学生事务管理者具备敏锐的思维和多元的知识结构，要在工作实践中逐步建构自己充满活力和高效运作的知识结构，能够根据不断变化的现实环境迅速寻找到合适的方式或方法，达到预期的教育目的。

二、职业认同

（一）价值认同

对辅导员角色和工作认同的核心问题是价值认同问题。认同是发生在个体、社会和自我之间的，是在这种关系中来确立人自身的身份感问题。从本质上说，人们就是要通过追问(诸如职业的社会价值、对个人的价值，乃至追问人生的价值和生命的意义)，证明自己的身份，从而正确地认识职业的价值和自己的价值。

当我们在确立自己的身份感的时候，又总要受到一定的利益需求、情感和信仰等问题的影响，总是认同那些与自己的情感、信仰和利益需求相一致或相近的东西。感情和信仰可以培养、养成，利益需求可以在日常的利益冲突中进行调整，这是我们很多老辅导员的共识，虽然这需要很多同志的奉献精神。很多老辅导员工作几年后不愿意离开自己的工作岗位，认为从事辅导员工作是情感所系，实际上就是将工作上升到了情感和信仰的高度。

（二）角色定位

从社会学的角度来看，角色的含义是指在社会结构中，由于社会分工和身份决定而应当表现出来的符合社会期待的行为模式。高校辅导员角色，是指辅导员在工作实践中所表现出来的符合社会期待的行为模式。我们应当从社会结构、行为模式、权利义务、社会期待等方面来理解辅导员的角色定位。关于辅导员的角色定位，《普通高等学校辅导员队伍建设规定》讲得非常清楚：辅导员应当努力成为学生的人生导师和健康成长的知心朋友。“人生导师”和“知心朋友”不是简单的并列关系，成为学生健康成长的知心朋友是做人生导师的前提条件，也是对人生导师的进一步阐述或者是补充。

在这里，我们有必要对辅导员的角色定位做一详细分析。辅导员、班主任是大学生思想政治教育的骨干力量，辅导员按照党委的部署有针对性地开展思想政治教育活动，班主任负有在思想、学习和生活等方面指导学生的职责。

微观定位主要是高校对辅导员工作任务和内容的具体要求。高校辅导员的工作任务和内容是一个完整的、有机的体系，它们相互衔接、相互补充、相互作用。高校辅导员只有认真履行自己的职责，全面地、完整地理解和实践自己的工作任务和内容，才能很好地发挥自己的服务和保证作用，促使学生全面成才和健康发展。在这部分中我们主要从指导、教育、开发、管理三个方面进行分析。

1. 指导

学生工作的对象是大学生，大学生在这个阶段中正处于思想逐渐成熟时期，因此，辅导员要对大学生进行各方面的指导和帮助，包括思想、学习和生活等方面，使大学生健康成长。具体来说主要包括以下几个方面的内容。

第一，辅导员需要指导学生参加就业。

第二，辅导员需要指导学生做好大学生活设计。

第三，辅导员需要指导并考核学生干部的工作。

第四，辅导员需要指导学生如何成为一名身心健康的大学生。

第五，辅导员需要及时了解各班级的意见和建议，组织协调有关学生干部开展工作。

第六，辅导员需要指导新生如何适应大学生活。

2. 开发

学生个体之间能力的发展是极不平衡的，个体本身诸方面能力发展也是不平衡的。学生工作者应当讲究育人的艺术，开发学生的兴趣爱好，让每个学生都看到自己的长处，充分显示其长处和优点，使之体验成功的欢乐，激发其学习的自信和勇气。这里所指的开发有几个含义：首先，挖掘学生的潜力，提高学生的能力。其次，培养学生的兴趣、爱好。

教育环境好坏，对正处于成长阶段的学生来说其意义是显而易见的。根据学生的兴趣爱好和特长，开展形式多样的活动，有利于因材施教，有利于发展学生的特长和才能，培养优良的个性品质，营造良好的育人环境。学生工作具有并发学生潜能的任务。

第一，辅导员应以身作则，注重对学生品德的培养。

第二，开展形式多样的集体活动。

第三，结合实际，培养特长，调动学生的学习积极性。

3. 管理

一名辅导员所面对的工作对象少则一百多人，多则几百人。要把他们管理好，就要在横向上建立起一个完善的管理体系，纵向上培养出一支优秀的干部梯队。横向的管理系统包括各种档案的管理，如学生党团档案，特困生档案，奖学金、荣誉称号统计表、就业情况等档案。对辅导员来说，纵向的干部梯队由年级组、党支部组成，而年级组下面又有班委会、团支部；党支部下面有党小组，有了这样的机构，年级工作、支部工作才可能有条不紊地开展，而这些都是辅导员一步步通过长时间的探索、实践而达到的。具体来说主要包括以下几个方面。

第一，学生工作的日常管理。比如，日常管理中关于学生事务日常工作、学生违纪处理、学生突发事件处理、学生奖励评审、组织各类学生工作会议、学生工作的协调沟通等。

第二，学生基本资料管理工作。包括：学生党团档案管理，特困生档案管理，奖学金、荣誉称号统计工作、就业资料管理等。

第三，学风建设工作。比如：开展学习经验交流、学习互助活动等。

在完成这些工作之前，管理人员先要制定好学生工作计划，而在完成上述我们所说的这些之后，我们需要做的就是完成领导与上级部门布置的其他任务。

三、心理素质

心理素质是以人的自我意识发展为核心，由积极的、与社会发展相统一的价值观所导向的，包括认知能力、需要、兴趣、动机、情感、意志、性格等智力和非智力因素有机结合的复杂整体。心理素质的发展是人的整体素质提高和发展的基础和核心。

从目前的形势来看，做好学生事务管理工作，要求辅导员具有较高的整体素质。因此，学生事务管理者的心理素质对学生事务管理工作显得尤为重要。结合工作的实际要求，学生事务管理者的心理素质主要包括以下三个方面。

（一）情绪情感

学生事务管理的工作对象是学生。这就决定了情绪情感的把握是工作中的必需环节。这里所指的情绪情感应该包括以下两个方面。

1. 学生事务管理者自身的情绪情感

大学生正处于情感丰富但情绪不稳定的心理发展阶段，学生事务管理者每天要和许多大学生接触，在管理和教育活动中可能出现偶发事件，只有善于控制自己的情感，才能妥善处理偶发事件。同时，只有善于控制自己的情感，才能保持愉快的心境和积极的热情。

2. 对学生的情绪情感

热爱学生是学生事务管理者教育学生的基础和起点，是做好学生工作的前提。只有热爱学生才能对学生怀有深厚的感情。通过深入了解学生，细致分析学生的种种思想、行为、表现，发现他们身上的优点和长处，然后有针对性地开展教育和服务，对他们的进步与成绩进行强化，以引起他们的自豪感和自信心。

除此之外，学生事务管理者的心理素质还应该包括不屈不挠、不断进取的意志品质和宽容大度、谦虚谨慎的性格等。这些都是学生事务管理者应该具备的良好素质，关系到为学生服务的绩效。

（二）认知能力

良好的认知品质应是敏锐的观察力、丰富的想象力、牢固的记忆力和良好的思维能力的综合。目前，心理学家更倾向于用认知来描述个体在认识方面的能力。即认知——认识和知识，它既包含了一种动态性的加工过程(认识)，又包含了一种静态的内容结构(知识)。

学生事务管理者的观察力应具有客观性、全面性和敏锐性。客观性是获得各种信息的基础；全面性保证获得信息的完整性、保证判断的周全性；敏锐性是及时捕捉学生中的各种信息和及时决策的重要条件。良好的想象力和思维品质是培养创造力的基础，也是对问题进行推断和解决的基础。良好的认知能力是学生事务管理者应该具备的基本素质，关系到为学生服务的绩效。

（三）道德品质

我们都知道，法律的作用是约束人们的行为准则，但是就最近几年的发展形势来看，法律的准则虽然还屹立在那里不倒，但是在我们的生活中，好像并不存在那么多的违法犯罪的情况等待法律的制裁，人们越来越重视道德力量的作用。

我们现在出门一般情况下都会自己开车，但是为了减少对大气的污染，通常情况下不着急的时候都会选择乘坐交通工具出行，这首先从我们自身做起，为社会出一份力，减少对我们居住环境中的空气污染。当我们乘坐交通工具出行的时候，难免会遇到一些上了年纪的老人出门办事，但是由于车上的人比较多，座位已满，老人家在车上只能站立等待着目的地的达到，这是如果身边的年轻人坐在老年人专座上的话，身边的人就会提醒年轻人，“老人上车了，你坐的是老年人专座”，意思就是提示年轻人，给老人让个座位，让老人家坐下。当然，大家心里也明白，年轻的人虽然体力好，但是上了一天的班，累了一天了，回家的路上好不容易有个座位可以坐下来休息一下，也是非常难得的，但是如果身边的人提示年轻人，但是年轻人无动于衷的话，那么道德心理就会开始作祟，“这年轻人什么素质，见到老人站着都不给让座位，将来以后你老了谁会尊重你，谁会给你让座位”，这就是道德的力量。

学生事务管理者与学生朝夕相处，通过为学生提供各种形式的服务来达到育人的目的。在此过程中，他们的道德品质应该成为学生的楷模。古人曰：“其身正，不令而行”，就是这个道理。任何一种高尚的道德都会在潜移默化的传播中传递给学生，从而促使学生在生活中不断塑造将这种高尚的道德应用到生活中的其他方面。

第三节　高校学生事务管理人员的职责

中共中央、国务院有关文件规定高校学生事务管理体制是党委统一部署，校长和行政系统以及院系具体实施。

一、基层学生事务管理者的职责

基层学生事务管理者主要是指辅导员以及相关科室人员，这部分内容中我们以中国地质大学武汉校区为例，对基层学生事务管理的职责进行详细地分析。

（一）学院领导等人员工作职责

1. 学院学生工作组

学院学生工作组是与学生日常生活关系最密切的部门之一，主要负责学生的思想政治教育、日常学生管理与服务、学生成长成才支持等工作。学工组以人才培养为中心，全面贯彻党的教育方针，为全面推进素质教育提供强有力的精神动力和思想保证，为使学生成为社会主义事业的建设者和接班人创造良好的氛围并提供优质的服务。具体工作职责主要包括以下几个方面。

（1）负责大学生综合测评、奖励评比和奖学金评审工作。负责经济困难学生助学体系的建设和管理。

（2）负责大学生日常生活安全管理与成长成才服务工作，以及对违纪学生的上报处理工作等等。

（3）负责大学生思想政治教育及心理健康教育工作；指导学生党组织、团组织和班集体工作开展，帮助学生营造良好的班风学风。

（4）负责大学生课余科技实践活动与素质拓展活动的指导工作。

2. 学院党委副书记

学院党委副书记、团委书记有时可能会同时兼任某一年级辅导员或者具体负责某一项工作，形成分工与合作的工作关系。其具体职责主要包括以下几个方面。

（1）组织落实学生思想政治教育和形势政策教育。组织辅导员集体备课，保证质量，以丰富多彩的形式，提高思想政治教育的效果。深入研究学生的思想状况，掌握学生的实际情况，定期制作学生情况分析报告，以使学生思想政治工作能抓到实处，富有成效。

（2）领导学院分团委、学生会工作。

（3）指导辅导员、班主任开展学生各方面的管理工作并对其进行考核。

（4）完成校领导、相关职能部门及学院领导班子交办的其他工作任务。

（5）完成思想政治理论课教师岗位所规定的相应职责。

（6）协助有关部门进行学生公寓的调配和宿舍文明建设。

（7）负责毕业生就业指导和服务、新生入学教育及军训等工作。

3. 学院团委书记

学院团委书记与学院党委副书记的工作性质类似，有时也会同时担任某一年级辅导员或者具体负责某一项工作，具体工作内容主要包括以下几个方面。

（1）负责制定本学院学生工作及分团委工作计划。

（2）负责组织学生并协助教师开展学习和研究。

（3）负责团组织的推优工作，确保推优质量。

（4）协助主管院领导做好学工干部队伍的建设、培养及考核工作。

（5）负责学院团员青年的社会实践、社会调查、交流互访及科研活动。

（6）协助主管学生工作的院领导全面抓好学院的学生工作。

（7）积极配合校团委组织和开展学校各项大型活动。

（8）负责学院分团委、团学联的干部队伍建设、培养及考核。

（9）协助学生党支部抓好党建工作和学生党员的发展及教育工作。

（10）主持学生工作组日常工作，负责阶段性工作的协调与安排。

（11）负责学院共青团的组织建设，抓好团员青年的思想教育工作。

4. 学院建设辅导员

学园建设辅导员的职责主要包括以下几个方面。

（1）准确掌握园区学生的基本情况。对于园区学生的住宿分布情况，党员、干部情况以及需要重点帮扶的学生情况等信息要深入了解。

（2）开展学园基础文明建设，做好学生宿舍安全监督与维护工作，营造学生宿舍和生活园区安全、文明、卫生的良好环境。

（3）做好学生入住、调整及退宿等各项住宿管理工作，并及时向事务中心报送住宿变更信息。

（4）及时收集、整理、传递学生信息，保障信息渠道的畅通。对园区内存在的问题、重大事故隐患要及时与相关老师、学院、部门联系。

（5）负责学园学生事务办公室的建设，积极参与学园建设，努力营造良好的学园氛围。

（6）深入学生宿舍，了解和掌握学生的思想动态。特别是对于在学习上、生活上、思想上有困难或心理方面有困惑的学生要给予特别关注，并提供服务帮助。

（7）协助处理学园学生突发事件。

（8）组织开展学生园区相关文化活动，积极推动学生社区的精神文明建设。

（二）相关科室人员工作职责

1. 大学生就业中心

大学生就业中心是全日制普通本科毕业生就业指导、就业市场拓展和毕业生事务归口管理部门，具体职责主要包括以下几个方面。

（1）负责就业信息网的建设、维护工作。用人单位原始资料和需求信息的收集、整理、发布工作，毕业生信息的收集、整理、发布及上报工作。

（2）负责用人单位来人来访以及与就业相关的接待工作，承担校园专场招聘会和毕业生大型供需见面会的组织工作。

（3）协助测评基地建设，积极为学生提供各种能力培训服务工作。

（4）负责毕业生就业市场拓展、就业基地建设以及中国地质大学就业工作协作会的秘书处工作。

（5）负责毕业生就业政策咨询、职业生涯规划与设计、就业技巧指导，毕业生创业教育，毕业生择业观、价值观、职业理想、职业道德教育工作。

（6）负责毕业生就业推荐、协议书管理、就业方案编制上报以及日常派遣等工作。

（7）负责定向生(含地调、矿调)的管理工作。

（8）负责拟订毕业生就业工作规划、管理办法以及年度毕业生就业计划。

（9）负责大学生职业发展协会等学生社团活动的指导工作。

（10）负责毕业生就业市场状态的监测预测和统计分析工作，及时向学校招生、专业设置、教育教学等环节进行反馈。

（11）负责就业咨询与辅导工作，做好来人、来函、来信的咨询和网上咨询工作。负责就业指导选修课程、就业指导讲座组织管理工作。

（12）负责国家毕业生就业政策的宣传以及毕业生就业的动员工作。

（13）负责毕业典礼的组织工作和学位服的管理工作。负责优秀毕业生的评比工作。

（14）负责毕业生户档托管、质量跟踪调查以及毕业生毕业后考研、深造、继续教育等后继服务的联络工作。

（15）负责毕业生就业率统计、分析、发布以及上报工作。

2. 综合事务办公室

综合事务办公室是内部管理、信息管理和综合事务的归口管理部门，具体职责有以下几个方面。

（1）负责学工系统（含兼职队伍）人事信息和部（处）人事管理，负责学工系统和部（处）经费管理，负责部（处）内部以及学工经费购置的固定资产的管理。

（2）负责综合信息的收集、统计和分析工作。

（3）负责日常会务管理，负责重要会议的安排和大型活动的后勤保障工作。

（4）负责文件、函电的阅转，印章管理，信件、报刊的收发，文件资料、学生工作档案的管理工作。

（5）负责学工系统和部（处）内部的评优、评先的组织工作。

（6）负责用车和车辆管理。

（7）负责制定内部管理文件、草拟重要文件报告、办理部（处）发文。

（8）负责学工系统的值班管理和学生服务大厅总服务台（学生工作24小时值班室）的管理。

（9）负责学生管理信息系统的建设和维护，负责学生工作部（处）主页、“校园总机”学生短信平台的管理工作。

（10）负责保密工作、计划生育工作，协助做好工会工作，负责部（处）机关办公场所和安全事务的管理。

（11）负责对内、对外联络联系，来人来访接待工作，负责部（处）以及学工系统对外宣传和形象策划工作。

3. 大学生奖励与资助中心

大学生奖励与资助中心是各类优秀学生奖励、表彰、奖学金评比以及勤工助学、经济困难学生资助、励志教育等事务的归口管理部门，具体职责主要包括以下几个方面。

（1）负责组织开展大学生勤工助学活动，确定岗位、审查资格，建立学生勤工助学档案库。

（2）负责组织和指导各类奖励的评比工作。

（3）负责有关学生奖励资助经费的管理发放工作。

（4）负责落实国家政策规定的学杂费减免初审、调查、报批工作。

（5）负责制定大学生奖励、资助、勤工助学工作的规划，并组织实施。

（6）负责帮助勤工助学学生维权和提供法律援助工作。

（7）负责激励机制的建立和各类奖励的设计、分解、汇总以及制定奖励办法、程序等工作。

（8）负责对受奖、受助学生开展励志教育、诚信教育、感恩教育，帮助家庭经济困难学生树立信心。

（9）负责组织家庭经济困难学生办理助学贷款，协助银行催缴还款工作。

（10）负责家庭经济困难学生家访的组织工作。

（11）负责与企事业单位联络联系，积极争取社会各界对学生的赞助和捐赠，设立专项奖助学金，回访设奖单位。

（12）负责各类奖励、资助政策的宣传工作。

（13）负责各类临时困难补助的发放管理工作。

（14）负责家庭经济困难学生分级认定并建立数据库。

4. 招生注册办公室

招生注册办公室是学校招生领导小组的日常办事机构，是本科招生、学籍(注册)管理和新生入学报到事务的管理部门，具体职责主要包括以下几个方面。

（1）负责招生录取的具体实施，协调和处理招生录取工作中的后续问题。

（2）负责草拟(建议)学校普通本科招生规模、年度招生计划、招生来源计划。

（3）负责学生证管理、学生数据库的管理、年度学籍注册、在校生学籍信息统计工作。

（4）负责考生及其家长、社会各界来人以及与招生工作相关的接待交流，负责招生来函、来电咨询工作，负责招生信息网的建设、维护工作。

（5）协助做好湖北省高校学籍管理研究会秘书处的工作。

（6）负责草拟及修订学校普通本科招生的重要规定以及《招生章程》。

（7）负责毕业生图像采集和毕业（学位）证书的制证、发证工作，补办学历、学位证明书。

（8）负责新生入学报到工作，新生资格审查、报批新生入户指标、根据新生体检结果开展体检受限新生相关工作。

（9）负责学籍管理政策的宣传，学籍的上报、异动、变更的管理工作和学籍咨询服务工作。

（10）负责草拟学校招生的管理规定、实施办法等。

（11）负责建立新生数据库、编制新生名册，并按要求报送上级教育主管部门和分送校内有关部门、学院。

（12）负责招生宣传的策划、组织工作。

从学生工作处各科室的职责可以看出，各科室的职责分明，相对独立，与学生工作处的主要职能分别对应，凸显职能化特点。这些科室具体开展这些工作时，需要院（系）来具体配合，所有的具体工作都落脚到学院来实施。

通过我们对不同的部门科室人员的职责分析即可发现，我国高校学生事务管理的专门组织实行的是条块状系统，各单位和职能部门分工合作，共同协作完成。这种运行模式，能够充分调动学校各方资源，提高服务质量，形成全员育人局面。但是，在这样的组织结构下，学生事务管理者往往会面临以下几个方面的困境。

首先是信息传递容易失真。按照惯例，学校布置工作，首先下发到学生工作处，再到学院由辅导员向各班级、团支部、党支部发布，在此过程中，几经周折，不仅传递速度很慢，而且会出现信息失真，导致出现错误，影响工作进度，学生的切身利益受到影响。

其次是人事权不明晰。主要是指院（系）辅导员人事权一般在学院，平时按照学生工作处、团委的要求开展工作，并对辅导员进行考核，这就造成了学生工作处“管事不管人”的尴尬。这种双重身份必然带来激励弱化、考核无效的结果。

最后就是权力路径模糊。这种现象具体表现为基层学生事务管理者遇到突发事件，不知道该向谁报告。基层学生事务管理者，特别是院（系）辅导员，遇到突发事件往往同时往学生工作处、保卫处和校党委办公室报告，造成指挥链混乱，不知道按照谁的意见来处理，工作效率低，容易错过最佳机会。

二、中层学生事务管理者的职责

中层学生事务管理者主要是指学校学生处、团委以及相关的职能部门人员，一般来说主要包括学生工作处、团委、教务处、后勤处等单位和职能部门主要负责人。

我们都知道，学生工作处是以职能为载体，从广义上来说，学生工作包括招生、就业、评奖评优、助学贷款、勤工助学、宿舍管理等。我国内地高校因为校情各不相同，学生工作处承担的职能往往不同，素有“大学工”与“小学工”之分。所谓“大学工”，就是广义上的学生工作，包括招生、就业、评奖评优、助学贷款、勤工助学、宿舍管理等。

拿中国地质大学(武汉)来举例进行说明，图 6–3–1 所示为“大学工”体系示意图。

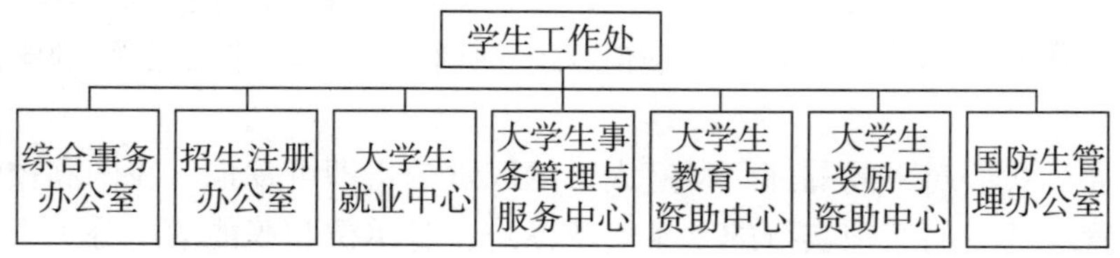

图 6–3–1　中国地质大学“大学工”体系

通过我们对图中信息的分析即可发现其学生工作处的职责主要包括以下几个方面。

（1）负责全校学生的日常管理和行为规范教育，并处理学生违纪、违法事件，搞好犯错学生的教育转化。

（2）根据国家相关规定负责全校普通本、专科(高职)学生、第二学士学位毕业生、网络教育学生的学籍资格审核和学历学位的管理工作(包括新生学籍资格审核注册和毕业生学历学位网上认证工作)，与教务处、网络学院共同做好各类学生的学籍异动和学历学位证书的审核发放工作。

（3）负责学校“奖、贷、助、补、减”学生资助体系的建立和相关制度的健全与完善；评比、表彰各类学生先进集体和优秀个人，组织评审、发放各类学生奖学金，组织实施学生国家助学贷款；负责社会助学、减免学费、临时性困难补助的审批与发放，组织学生勤工助学活动。

（4）协助学校党委组织部做好学生党员、入党积极分子和各类学生骨干队伍的教育、培养，以及学生党支部、基层班级的建设工作和优良学风创建工作。

（5）贯彻执行党的教育方针和学校党委、行政的决定，负责制订、落实学生工作计划和管理规章制度，全面组织实施学生的思想政治教育和事务管理工作。

（6）负责网络思想政治教育及学生工作办公自动化和信息化建设；采集和分析学生的发展信息，制定并组织实施学生的思想政治教育和学生的发展教育工作。

（7）根据国家政策制定学校就业管理规定，负责全校普通本、专科(高职)生的就业指导、推荐服务、毕业派遣以及校园招聘、就业市场拓展等工作。

（8）完成学校党委和行政交给的其他各项工作。

（9）负责全校本、专科(高职)学生思想品德课教学与学科建设工作，以及对学生开展学习、就业、法律及身心健康等咨询活动。

（10）做好国防生的选拔、培养和教育管理工作，并协助“中国人民解放军广州军区驻中国地质大学(武汉)后备军官选拔培训工作办公室”开展工作；协助武装部做好大学生的军事训练工作。

（11）负责全校专职学生政工干部队伍的选拔、培养和管理，以及兼职学生思想政治工作人员的指导，组织开展德育科学研究。

（12）做好学院的日常教育管理工作，开展文明校园的创建活动。

（13）负责对学生开展政治教育、道德教育、心理健康教育、人文素质教育、通识教育等各项教育活动。

（14）根据国家法律法规和相关政策，按照学校招生领导小组的要求，制定并完善普通本专科招生章程以及相关管理规定、实施办法等，编制计划并报送审批，组织实施招生考试、录取工作(含普通文理科考生、艺术类考生、保送生、国防生、港澳台学生预科班考生、自主选拔录取学生、体育特长生、文艺特长生、第二学士学位学生、定向生、少数民族预科班考生、少数民族班考生、内地西藏班考生等类别及新增本科招生类别)，协调处理招生录取工作中的遗留问题。

综上所述，该校学生工作处的职能涉及学生工作的各个方面，其下设的各科室则分工明确，在学校相关职能部门的配合下，具体落实相关工作。

有“大学工”管理模式当然就会有“小学工”管理模式，简单来说就是学生工作处只承担全校本专科生的思想政治教育和管理职责的职能部门，具体指导和支持各院系学生工作组开展本专科生思想政治教育和管理工作，如图6-3-2所示为中山大学“小学工”管理体系。

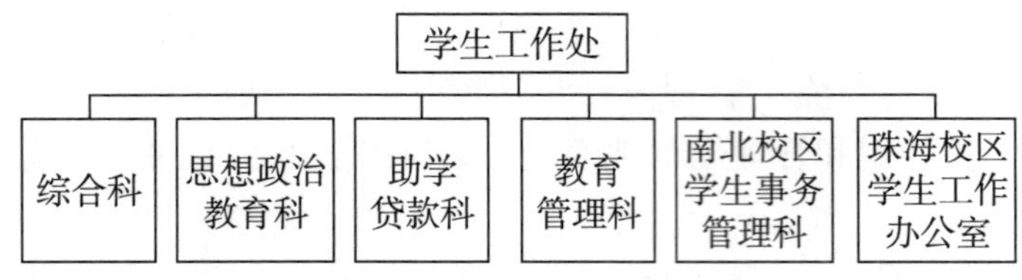

图 6-3-2　中山大学"小学工"管理体系

三、高层学生事务管理者的职责

高层学生事务管理者主要是指校领导层面，通常由学校党委指派一位校领导，一般来说校领导都是校党委副书记或者副校长来担任，由他来专门负责学生事务管理工作。学校党委是学生事务管理的领导者和决策者，依据国家相关方针、政策，制定总体规划和实施计划，适时调研学生思想政治状况，把握学生事务管理的现状，及时调整工作策略，以适应不断变化的时代要求。

此外，学校设立党委直接领导下的学生工作领导小组。由分管校领导牵头，成员包括学生工作处(即学生处)、校团委、党委宣传部、教务处、保卫处、后勤集团以及院系党委书记等单位和部门负责人。主要职责包括三个方面：第一，结合学校学生事务管理的实际，指导并参与学生工作的总体规划、年度计划，制定相关考评制度，建立长效运行机制。第二，督查学校各单位和部门，按计划完成工作的进度，建立公开、公正的信息反馈机制。第三，及时收集各单位和职能部门所遇到的困难，依托学校各方资源协调解决，推动学生事务管理的民主化、科学化进程。

第四节　高校学生事务管理中辅导员的重要性

一、辅导员职业的特点

辅导员所要承担的不仅是对学生的教育工作，同时还要承担对学生的管理工作，其主要内容有以下几个方面，具体如图 6-4-1 所示。

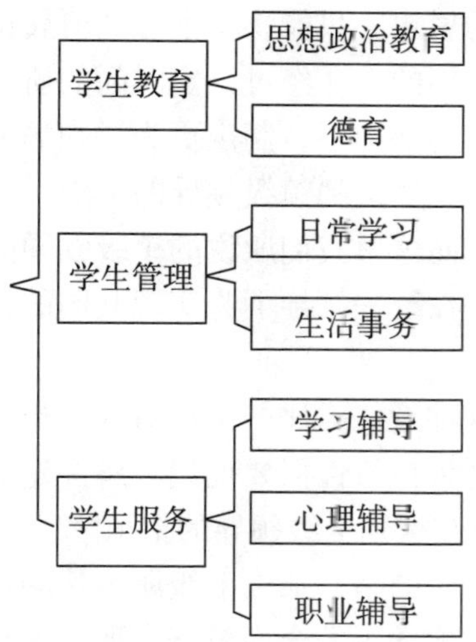

图 6-4-1 辅导员管理工作内容

上图中的内容就是辅导员在对学生的管理中所需要负责的内容，这其中所包含的具体事务只会临时增加，绝对不会减少，所以从这个图中我们就能够非常清楚地看出辅导员工作的艰巨性与重要性。

（一）基层性

与学院、系别的领导相比来说，辅导员是与学生接触时间最长的一位基层领导，当国家对学校的有一些指示或者决议的时候，首先传达给校长，校长在经过与部分领导人的协商之后，决定以什么样的形式对学校进行改革，之后这样的决定会发送到各个系别的领导人手中，当他们接到相关的通知后，又会结合各自系别中的实际情况展开实际的工作调研，而他们调研的方式就是对各个辅导员的了解，根据辅导员对学生基本情况的了解进行反馈，从而促使系别领导做出一个科学、准确的判断，当系别领导的指示下来之后，需要由辅导员负责执行。所以，从上述我们所说的这个流程上来看，辅导员是处在最底层的执行人员，他们所做的就是实现学校对学生的统一领导，同时还要保障班级的正常运转，以使学生在一个安定的环境中学习。

其实这与我们在现实生活中所见到的村干部的性质有点类似，我们对我国的地区划分都非常明确，我国的政治文化中心在北京，全国由中央统一领导，而国家教育部就相当于是中央这个部门。当中央机关颁布一些相关的法律条例之后就要下放到各个省区，省区机关领导在经过研究之后和结合各自省份的实际情况制定相应的计划，以实现中央下发的任务，为保障任务的顺利进行，省机关人员不可能在短时间内将省份中的各个角落都走遍去传达中央领导的思想，只能将其下方到所属市领导机关，而每个市级城市的实际情况是不同的，在经过一定时间的研究之后，市级机关领导再结合本市的基本情况的前提下，制定更为详细的方案进行下放，此时的指示已经相对来说更为具体，到镇级领导的手中时已经不需要再做任何修改就可以直接执行了，而这里我们所说的镇级领导的执行也就相当于是辅导员的任务。他们都是在统一领导下为实现共同的目标而执行具体任务的一类人。

通过上述我们用这种近似类比的手法对辅导员的任务进行分析之后就可以发现，辅导员的这种执行性需要他们具备一定的服从性。我们来举个例子说明，如果辅导员在接到上级领导的指示之后，指示象征性的看一下，没有任何具体的行为动作的话，那么上级所传达的任务就不会体现在学生身上，我们也就无法实现学生的全面发展，那么这种工作的态度也会在横向的教师中传播开来，整个教师团队就会处在一种松散的状态下，不利于学生的学习。因此，要求辅导员要在贯彻执行的前提下，根据实际情况逐步落实我们的计划，这样我们才能在学生发展的基础上使学校得以发展壮大。

（二）教育性

辅导员工作具有非常明显的教育功能主要表现在以下几个方面。

1. 辅导员自身的表率和示范方面

“言教”能否内化为学生行为的动机在很大程度上取决于辅导员的“身教”，取决于辅导员是否自己以身作则，为人师表。辅导员是否德才兼备直接影响到辅导员的声望和威信，辅导员是否受到学生的尊敬和爱戴直接影响到辅导员工作开展的有效性。辅导员的一言一行对学生有直观示范的作用，榜样的力量能够激励、启发、引导学生去效仿，能够增强学生抵制外界干扰的能力，有效控制和调整自己的行为。

辅导员与学生之间的沟通交流包括了学习方面的交流、人际关系方面的交流、心理问题方面的交流和职业发展方面的交流等。辅导员通过和学生的沟通交流，帮助学生端正学习态度，明确学习目的，建设良好学风，掌握学习规律，使学生能够具备较好的专业素质，从而在社会上立足。

2. 对学生世界观、人生观、价值观的教育方面

教育部颁布的《中国普通高等学校德育大纲》中指出：“现在和今后一二十年高等学校培养出来的学生，他们的思想道德和科学文化素质如何，直接关系到 21 世纪中国的面貌，关系到我国社会主义现代化建设事业能

否实现，关系到能否坚持党的基本路线一百年不动摇。”加强大学生思想政治教育和德育，是实现国家对于大学生教育要求的主要途径。辅导员可以根据大学生的身心特点和思想特点，根据大学生身心发育、发展和变化规律进行潜移默化的教育。

（三）复杂性

凡是担任过辅导员的老师，对于辅导员工作的复杂性都深有体会。新生尚未进校，辅导员的工作已进行得如火如荼。翻看任何一位辅导员的工作备忘录，本子上都是记录得密密麻麻。辅导员工作的复杂性不亚于其他任何一项工作。

辅导员工作的复杂性主要体现在以下几个方面。

第一，辅导员在工作中遇到的学生问题也是多种多样，纷繁复杂的，不但有学习方面的问题、人际交往方面的问题、感情方面的问题，还有心理健康方面的问题，以及职业发展方面的问题等。作为一个辅导员，必须时刻准备着帮助和引导学生处理各式各样的问题。此外，辅导员在工作中还会不时遇到一些突发性的问题和危机问题，很多问题是事先从未料想到的。

第二，来自不同地方的学生有自己不同的学习习惯和生活习惯，彼此间不可避免发生冲突和矛盾，学生与学生之间的人际关系也比较复杂，尤其部分学生在大学以前享受着家长和老师给予的特殊待遇，但进入大学后由于强中更有强中手，丧失了以前所享受到的种种优越感，心里有时会失衡，从而导致与同学之间的关系紧张。

辅导员工作的复杂性对辅导员的素质提出了较高的要求，辅导员必须是个多面手，善于处理学生事务管理中所遇到的各种各样的问题，同时更要注意通过日常和学生的沟通交流，细心了解观察学生的状况，防患于未然。

（四）服务性

把服务性作为高校辅导员工作的基本属性，强调的是辅导员在思想认识上和实际工作的开展中都必须时刻牢记自身工作所具有的服务性，从学生的需要出发，真正将服务二字落实到对学生日常生活、学习事务的辅导和引导中，创造一切有利条件方便学生要求的实现。确立服务性是辅导员工作的根本属性，有利于辅导员思想认识到位，树立以学生为本的正确观念。做任何一项工作，都应当首先明确工作究竟是为了谁，服从谁，服务谁，明确了工作的宗旨、性质才能更好地保证工作的正确开展；确立服务性是辅导员工作的根本属性，有利于辅导员工作到位，充分发挥辅导员的保证作用，不是被动等待学生寻找自己帮忙，而是主动关心学生，积极为学生解决实际问题和困难，保障学生正常的学习、生活；确立服务性是辅导员工作的根本属性，有利于继承和发扬我们党的优良传统，发挥思想政治工作上的优势，提高思想政治工作的威信。长期以来，有人将思想政治教育工作当作整人管人的工作，明确学生工作的服务性特征，就从本质上划清了二者的界限。

（五）直接性

辅导员工作的直接性决定了辅导员在学生事务管理过程中会碰到各种各样的问题，不仅涉及学生日常的学习、生活，还有心理、职业发展的方面，这就要求辅导员要具有全方位的素质，在提高自身思想觉悟的同时，还应当夯实基础知识，完善自身知识结构，更好地发挥辅导员工作管理育人、服务育人的功能。

学生走入校门后接触到的第一个老师是辅导员，大学生活中直接接触最多的老师也是辅导员，毕业离开学校时站在身边的依然是辅导员。对辅导员来说，其工作对象就是自己面前的学生，工作内容就是与学生相关事务的管理和相关服务的提供。与高校中其他管理学生事务的主体相比较，辅导员工作具有直接性的特点。

辅导员工作的直接性体现以下几个方面。

首先，辅导员是学生事务的直接管理者和学生管理活动的执行者。学生的宿舍安排、班委的选拔任命、班级活动的组织协调，都需要辅导员的直接参与，或是引导，或是协助，或是指挥，缺少了辅导员的参与和调控，班级事务很难协调运转起来。辅导员需要与学生接触，时刻了解学生日常生活、学习状况，从而才能更好、更有针对性地进行学生事务管理。

其次，辅导员是与学生进行直接接触最多的老师，辅导员在学生与其他学生事务管理主体之间充当着桥梁和中介的作用。辅导员通过召开班会、与学生谈心等方式将学校学生管理相关规定以及所提供的一系列服务等告知学生，同时辅导员也通过与学生的沟通交流，了解和掌握学生的思想和行为动态，为学生事务管理规定的制定以及相关学生活动组织策划提供参考信息，并且将学生的意见和建议向上反映，发挥上传下达的作用。

二、学生思想政治教育生活化的实践者

学生在学校中的学习内容除了最重要的学习文化知识以外，还需要在

生活中学习。我们都知道，刚刚进入学校学生首先要先经过军训才会进入对文化知识的学习。有人可能就要问，为什么要进行军训呢？首先，需要明确的是，学校安排学生进行军训是要让学生明白，在我们进行文化知识的学习之前首先我们要做的就是有一个强健的体魄，俗话说身体是革命的本钱，有了好的身体素质我们才能更集中精力进行研究创作发明，如果每天都是处在一个病态的环境中，相信就不会有人那么努力去钻研科技、潜心研究了。其次，学校安排学生进行军训，是要在学生进入忙碌的学习生活之前有一个良好的生活作风，军训的过程中，学生每天都很忙碌，但是即便是再忙碌的条件下，学生宿舍的内务都要整理好，物品的摆放都是非常整齐的，在这样劳累的前提下，学生都能做到这一点，那么在日后的生活中也会同样做得完美。这其实也就同时实现了我们所说的对学生的管理生活化的目的。

当然，这只是生活化的一点体现，我们在对学生进行管理的过程中，还要在学生生活的各个方面予以体现，比如说当学生对一些管理方式比较反感而产生逆反心理的时候，辅导员这个时候需要做的不是将所有的东西强加给学生，而是要深入学生中间去了解他们，当我们用管理人员的方式帮他们解决了困难，他们就会乐意接受我们的指导，这个时候学生的逆反心理就会相对减弱，此时对他们进行思想方面的教育是最佳时机，这同时也实现了对学生生活化的管理。

其实，从另一方面来说，辅导员每天都与学生们在一起，我们上学的时候还经常看到辅导员有时候在教师的门边往教室里看，可能是在看谁没来上课，或者谁上课比较不认真，前面的内容中我们也提到过，辅导员是不对自己所管理的学生进行授课的，所以他们会不定时的去教室中观察学生的动态，对于一些情节严重的在下课之后会被直接带到辅导员办公室进行思想教育。当然，一般情况下学生的问题都不会很严重，辅导员所做的也只是批评两句，告诫学生上课认真听课、好好学习之类的话。

另外，我们要说的就是辅导员对待学生的态度，有一些辅导员认为只有对学生的管理严厉一点才能实现对学生的管理，正所谓“严师出高徒”，但是我们必须清楚，这样的话放在之前并没有错，严格来说，这句话本身是没有错的，即便是放在我们现代社会也是没错的，但是新的环境、新的形势下，这样的教书育人的态度已经不适应当前社会的发展，我们在对学生的管理中要更加贴近学生的生活才容易被学生所接受，从而实现我们对学生的生活化管理。

三、规范性思想政治教育工作的补充

（一）辅导员的思想政治教育的形式和途径

相信在上学的过程中，我们都曾经有过被老师叫过去单独谈话的经历，这样的经历很有可能是处于不同的求学阶段，虽然辅导员或者班主任经常会因为一些同学在学习中会触碰到的纪律而开主题班会，对其进行思想方面的教育，但我们必须要明确的是，这样做其实也是在警示班上的其他同学，注意自己的言行，不要再次陷入相同的困境中。

当然，在这个过程中，很可能会出现一些较为特殊的情况，就是辅导员的这样的举动并不是由他们自己来控制的，这些是由学生来决定的，但是学生的行为都是即时性的，很多时候他们并没有计划我接下来要做什么，都是临时决定的，因此，从这一方面来看的话，这给辅导员的人物增添了很多临时性的因素。

（二）规范性的思想政治教育工作

做任何事情都是一样的，需要有一定的规范蕴含其中，这就像是我们生活中的一些准则一样，当我们遵循了这些准则，我们就会在其固定的规律下生活，不至于被生活丢到困境后中长时间逃脱不出来。

当然，对学生的管理与教育工作也需要具有一定的规范性，只有当我们计划好，让学生按照我们的计划进行的时候，我们才能收到我们想要的效果。当然这个过程是艰难的，甚至有时候会出现一些特殊情况，一些学生并不是那么“听话”，按照我们提请预定好的计划进行，这个时候就需要学校的管理人员对其思想方面的教育。教育的方式有很多，比如说，学生有这种错误思想倾向的时候对他们加以引导与指导，很多时候还是非常有效果的。如果在学生思想刚刚萌芽的时候我们予以正确的指导，那么就不会在后期使学生越陷越深。

辅导员在工作的过程中总是在潜意识中对学生产生一定的影响，当然，这些潜移默化的东西是在时间的作用下慢慢发生改变的，有时候我们也能够发现辅导员老师通过自己的辅导活动来加以弥补。辅导员工作的这种作用，实际上与他们的工作性质的关联很大。我们都知道辅导员身为学生的总领导，在生活上、学习上对学生的行为起到了一定的监视与促进作用，作为辅导员老师，如果从思想上认识不到这一点，而是仅仅把辅导员工作看作是简单的组织和管理工作，不走进学生之中做深入细致的工作，可以说就是一种对学生不负责任、对工作不认真的表现。

四、学生思想政治教育的创新者

人与人之间之所以呈现出不同的特点，主要是人的性格决定的，在上面的内容中我们提到过，两个人即便是长相非常相似，但是二人之间的性格也是不一样的，从这里我们就能够分辨出不同的人的特点。除了性格上的不同之外，人与人之间的思想也是不同的，从这个角度来说，人的思想的决定因素有很多，最重要的就是家庭环境的熏陶，不同的家庭环境对学生影响是非常大的，我们拿两个极端的例子来说明，一位是来自城市富贵人家的学生，一身名牌，西装革履，一位是来自大山里的娃子，穿着破旧的衣服，这两个人首先在外貌上就形成了鲜明的对比。山里的孩子来到城市中上学，他心里知道上学的机会来的不容易，更是清楚地明白家里人为了送他出来上学耗费了多大精力，因此对于他来说，上学的机会简直比自己的命还重要，因此，在学校中他拼命地表现、拼命地学习，就是为了能够取得一个好成绩，让人刮目相看。而来自富贵人家的学生，从小衣食无忧，过着贵族的生活，上学对他来说就是有没有都可以的一件事，因此对他来说这个上学的机会来得很容易，主要有钱就可以解决一切，也正是这样的原因才使得他对这个上学的机会看的没那么重要，也就没有珍惜可言。

针对上述我们所说的这两种情况来看，这样两种类型的人，一个是能带动全班学习动力的力量，一个是带动全班疯狂的力量，要想均衡这两种力量的存在，就需要辅导员在其中发挥其作用，带领全班的学生走上学习的道路。虽然这个看来比较困难，但只要是辅导员找对合适的方法，相信我们只会看到一种非常和谐的场景。

在学生学习的过程中总会遇到这样或那样的问题，这种情况很可能会经常出现，主要表现在学习上或者生活上的比较多，问题的种类不同，表现在每个学生个体上的形式也有所差别，高年级和低年级是不一样的，不同专业的大学生表现出来的也是不一样的，就是在同一个班级的大学生身上表现也是不一样的。因此，从这个角度来说，辅导员每时每刻面对的都是新的问题，每次当解决了一个问题之后，就会又出现新一轮的问题，因为学生在这个全新的环境中，自己也不能确定会遇到哪方面的问题，只有在实际遇到之后，我们才能根据学生的能力来判断如何解决，想出切实可行的办法。

在学生的日常生活中，接触时间最长的除了自己班上的学生之外，还有就是任课教师，但是一般情况下来说，任课教师在上完固定课时的课后，就会转移到另一个教室给其他班的学生上课，对于他们来说，学生是流动的学生，自己上课的形式也是流动的，每节课的学生都是不一样的，因此这从某种程度上来说，导致了任课教师并不能完全认识每位学生，当学生有困难找老师帮忙的时候，也只能局限于上这堂固定时间内的课的时候，其他的时间可能都在给其他班的学生上课。但是对于辅导员来说并不是这样的，学生从刚一进入学校就是由固定的辅导员负责其生活中的各个方面的事宜，虽然辅导员不担任学生的授课，但是他们可以从任课老师那里询问到学生的情况，虽然不能做到一一针对，但是班级上大体情况的了解还是可以的。当学生要呈现出某种问题的态势时，辅导员能及时获悉。

其实，每一位辅导员都是从学生时代走过来的，他们对于在学习过程中所能遇到的问题可以说是了如指掌，只不过在新的环境与形势下，会有一些新因素的出现，这样就会导致所遇到的困难与问题不在辅导员的掌控之中，为困难的解决增加了一定的难度。

当然，在辅导员解决困难的过程中，不能只是一味地凭借之前的经验来寻求对现在问题的解决。上文中我们也说过，新的形势下，我们会面临很多我们之前没有处理过的问题，因此，我们要寻求创新之路，依靠科学的方法来解决实际遇到的问题。

五、课堂教学教育的延伸

人总是处在经常变化发展之中的。加强对人的教育、引导，自然也就成为一种必然的社会现象。这种社会现象是人类社会文明进步的结果，也是社会文明进一步发展的必然和需要。加强对青年大学生的教育、引导，不仅是他们自身的需要，更是社会发展的需要。

大学生作为青年中的一个知识层次比较高、善于理性思考的特殊群体，他们生活在大学校园，既有良好的校园文化氛围的熏陶，其成长的环境可以说是非常有利，大学生处在这样好的成长环境，却由于心理和生理发展的转折时期的原因，年轻聪明的优势和年轻盲从的缺点，都必然的集于一身。这种矛盾现象，客观上决定了必须加强对他们的教育和引导。生活就是教育，没有生活就没有教育。

学校的一切活动都是教育。学校教育的目的就是要把学生教育培养成为有益于民族、有益于国家的“四有”新人。学校的课堂教育教学活动，是系统的、有计划的、有组织的一种教育、引导形式，它是通过任课老师与大学生面对面的形式，向大学生传递知识、传授技能的活动，是学校一切教育活动中最重要的渠道，它在大学生的认知能力、技能水平提高等方面有着十分重要的作用。

从另一方面来说，学生在学校中学习到的知识是有一定的局限的，首先，学生在学校这个大环境中，虽然与之前上学的环境有所不同，但是这个环境仍然是学生学习的地方，学生的主要任务还是学习，与社会上的一些工作内容有较大的差距，一般情况下，不会接触到社会上的事物；其次，学生在经过了一段时间的学习之后，总是会尝试着进入社会中进行实习，这个时候学校的一些知识是不能满足学生进入社会的需求的，那么这个时候就需要辅导员老师发挥自身的职能，帮助学生为进入社会奠定一定的基础，以便学生能够更好地在社会中生存。

辅导员的任务是非常重要的，他们不仅要带领学生在学校中学习相应的文化知识，在学生马上要步入社会的时候还要对学生进行相关的指导，其目的就是为了培养更出色的学生，为社会的发展做出一定的贡献，为学校的教育事业发展起到引导作用。

当然，在这个过程中并不是一帆风顺的，有时候督导员也会遇到一些在实际工作上的困难，这个时候辅导员就需要静下心来，仔细分析，看清楚这个问题的根源所在，为什么会出现这样的状况，我需要用什么样的方法解决，才能在不伤害学生的情况下将形势好转，引导学生一步步走向社会这个大环境。

六、学校思想政治教育的最基层工作

学生进入学校之后会和同学在一起相处，他们共同生活在班集体这个空间中，在一起最长的时间也是在班集体中，所开展的一些公共的活动也都是在班集体中进行的，就现在的形势来看，学校中一般情况下，都是以班级为单位来进行管理，有人说这样并不是最合理的，但是我们可以想象一下，除了以班级为单位我们还有更好的划分方式么，难道要以院系为单位吗？一个系那么多专业，那么多人，根本就照顾不过来，很容易造成混乱的局面，但是以班级为单位则不会这样，我们都知道每个班中都有一位班长负责，一个班 30 多位学生，站在一起都是自己班的同学很容易就能看出来谁在，谁不在。所以，还是以班级进行管理更为方便、快捷。

从某种程度上讲，辅导员就是学校的代言人，学校对大学生的一切要求，都要通过辅导员的工作来落实，他(她)代表学校对大学生进行思想教育和管理。可以说，辅导员工作是学校除课堂教学之外，最实际的教育工作者，量大面广，费时费力，任务艰巨。

辅导员是高等学校中比较忙碌的一个群体，他们面对的是思想不断变化的青年大学生的思想实际，有时同一个问题，在不同年级、不同专业的大学生中表现是不一样的，就是在同一年级、同一专业的大学生中表现也是不一样的，这就导致了同一个问题的解决方法在不同年级和不同专业的不同等。因此，辅导员工作既是最基层的工作，又是最实际、最具体、最丰富的工作。

从目前的实际情况上来看，任何学校的一切工作，其最终都是要通过学生以及一些相关的因素表现出来，比如学生班级、学生群体来体现。而高等学校大学生思想教育大量的工作，都是在基层，在大学生的群体就是他们所在的班集体。大学生个体的存在和发展离不开学生班集体，辅导员施教的对象就是大学生和学生班级。

第七章　民办高等学校学生管理的法制化

对于民办高等学校来说，对学生加强法制化的正确认识需要建立在其对自身内在的逻辑要求之上，重中之重是学校的管理要契合法制的基本精神。

第一节　民办高等学校学生管理法制化的内在要求

一、民办高校学生管理的行政公开

行政行为的公开既可以方便社会公众对行政主体的了解和监督，增进行政相对人对行政主体的信任，又可以帮助行政主体克服官僚作风，保持行政主体的廉洁和高效。就民办高校的学生管理工作而言，民办高校不仅要公开其实施学生管理行为的各种依据，公开其所实施的学生管理行为的过程，而且还要公开其所做出的、对特定的学生相对人和一般学生的合法权益有直接或间接影响的各种管理决定的内容。具体来说主要有以下几个方面的内容。

（一）事先公开职权依据

事先公开职权依据，是指民办高校管理者应当将行使学生管理权的依据在没有实施管理行为或者做出最终管理决定之前，向全校学生公开展示，使之知晓。当前我国许多民办高校尚未真正确立学生管理规则的公开制度，学生管理制度在实施之前缺乏公示性和透明度，很多与学生利益密切相关的管理规定的出台与实施缺少有效的公布与宣传程序，不为广大学生所充分了解并遵照执行。根据行政公开原则的要求，部分民办高校应切实改变其所存在着的、学生管理制度实施之前缺乏有效的公布程序的现象，严格遵守行政公文公开制度，在学校范围内按预定的程序公布各项学生管理制度。

（二）事中公开决定过程

事中公开决定过程，是指民办高校管理者应当将关涉学生管理决定形成过程的有关事项向特定的学生相对人和学校公开。事中过程是学生管理决定的形成过程，因此，它的公开对特定的学生相对人维护自身的合法权益和全校师生监督管理者依法行使管理权具有重要的法律意义。事中公开决定过程主要有两方面的内容：一是组织听证，听证是民办高校管理者在做出影响特定的学生相对人合法权益的决定前，由学生表达意见、提供证据的程序以及管理者听取意见、接受证据的程序。据报道，华东政法学院率先在处分学生前举行听证会，并决定涉及学生的重大处分和学校其他重大决策都要举行听证会，在公开平等、程序公正的基础上管理学生事务。这一做法值得民办高校借鉴与推广。二是学生管理资讯公开，学生作为管理相对人了解、掌握相关资讯，是他参与管理程序，维护自身合法权益的重要前提。因此，民办高校管理者根据学生的申请，应当及时、迅速地提供其所需要的管理资讯，除非法律有不得公开的禁止性规定。

（三）事后公开决定结论

事后公开决定结论，是指民办高校管理者做出影响相对人学生合法权益的管理决定之后，应当及时将管理决定的内容以法定形式向相对人学生公开。管理决定是管理者在学生管理过程中做出的具有可执行性的结论，对相对人学生具有强制力。事后公开决定结论的内容包括：一是向特定的相对人学生公开决定结论，这既是民办高校学生管理决定生效的条件，也是特定的学生相对人行使救济权的前提。向相对人学生公开管理决定，有利于学生认同管理决定，进而履行管理决定所设定的相关义务，使民办高校学生管理决定获得顺利的执行。二是向全校学生公开决定结论，民办高校管理者在将管理决定向特定的学生相对人公开之后如认为有必要，可以将管理决定结论向全校学生公开。向全校学生公开的管理决定一般具有重要的、涉及民办高校学生管理公共利益的内容。

二、民办高校学生管理的职权法定

民办高校自主管理权是公共权力，本质上是国家教育权的实现形式。我国的高等学校享有的属于教育法管辖的办学权利或从事教育活动的权利，源自国家的授权，是从国家教育权中分离或独立出来的，是国家依据宪法规定行使教育权力的一部分。我国《教育法》第 28 条明确规定了学校及其他教育机构所依法行使的各项权力：按照章程自主管理；组织实施教育教学活动；招收学生或者其他受教育者；对受教育者进行学籍管理，实施奖励或者处分；对受教育者颁发相应的学业证书；聘任教师及其他职工，实施奖励或者处分；管理、使用本单位的设施和经费；拒绝任何组织和个人对教育教学活动的非法干涉；法律、法规规定的其他权利。并强调国家保护学校及其他教育机构的合法权益不受侵犯。

高等学校作为国家履行高等教育职能的实体组织，具有其内在的专业性和技术性，需要与自身特性相适配的治理结构。国家授予民办高校管理自主权的目的，就是力求使民办高校找到与其自身特性更为契合的管理方式和管理结构，促进高等教育更有效益地发展，更好地落实国家教育权和实现公民的受教育权利。然而，民办高校是集学术性、自治性和公共性于一身的公共行政组织，教育管理行为和管理目标与其他社会组织存有鲜明差异，民办高校要用好学生管理的自主权并不容易。这是因为民办高校作为公益性学术组织具有独立的价值目标，需要同时满足公平和效率的双重目标；高等教育作为准公共产品，具有“低度量性”和“低竞争性”特征，具有内在的市场不完善性；民办高校自主管理权作为公共权力具有内在的扩张性，如果缺乏有效的制约，就会导致权力的滥用而侵害受教育者的合法权益。这些特性使得民办高校缺乏有效提供公共服务的制度基础，也极易引发民办高校学生管理权与学生权利间的矛盾与冲突。因此，如何用好民办高校学生管理的自主权，是民办高校教育管理者在实践中需要审慎思考的问题。

民办高校自主管理权所具有的行政权的一般属性，决定了民办高校作为法律法规授权的行政组织在行使各项管理权包括学生管理权时，必须以法律的授权为前提，民办高校只能行使法律授予的权力，超越法律授权范围行使权力的行为不具有法律效力。权职法定要求民办高校树立这样的观念：学生的权利是无限的，法不禁止即自由；民办高校管理学生的行政职权是有限的，基于法律的授予才存在，必须依据法律行使，符合法律要旨。具体地说，民办高校应当遵从学生管理职权法定的如下要求

（1）民办高校学生的管理行为违法无效。民办高校的学生管理行为必须合法，它既应符合相关法律法规的条文，更应符合法的实质精神。违法的学生管理行为包括实体上的违法和程序上的违法，都不具有法律效力，不能约束作为管理相对人学生的行为。

（2）民办高校实施的学生管理行为必须依照和遵守相应的法律规范，这是含有“依法管理”和“自觉守法”两项内容。它要求民办高校管理者既要依法“管理”作为相对人的学生，又应在其他行政主体的管理中如教

育行政管理部门对民办高校的管理中遵守法律、法规和规章。民办高校既是实施法律的主体，又是遵守法律的主体，民办高校不得享有法律以外的特权。

（3）民办高校的学生管理职权由法设定与依法授予。民办高校一切的学生管理行为以学生管理职权为基础，无职权便无管理。学生管理职权必须合法产生，不合法产生的民办高校学生管理权不能构成合法管理的基础。

三、民办高校学生管理的学生参与

在当前的民办高校管理过程中，管理者已经日渐清晰地意识到调动学生参与管理的积极性、发挥学生的主体能动性所具有的价值意义，并且在管理实践中逐步地尝试吸纳学生参与民办高校事务的民主决策和科学管理。例如近年来，越来越多的民办高校以举行听证会的形式在学生管理制度的制定、与学生权益相关的重要改革方案的出台、重大的学生违纪处分决定的做出等问题上听取并吸收学生的合理意见。我们认为，学生参与民办高校管理具有如下的价值意义。

（一）培养学生的现代公民素质

按照我们以前的学校管理模式来说，学生在学校中的任务就是学习，教师的任务是指导学生学习，给学生提供一个良好的学习环境，学生除了学习之外并没有什么特殊的任务要完成。但是随着时间的推移，我们在教学管理实践中可以发现，适当让学生参与到教学管理中来，对于提高学生的整体素质是非常有帮助的。

让学生参与到学生管理的队伍中来，首先我们可以让学生切身体会这种管理的难处，当他们在管理的过程中遇到困难，肯定会先自己寻找解决的办法，但是当尝试了他们所想的办法之后会发现，这样根本就行不通，因为有一些同学在这个过程中不配合，导致他们的工作无法继续进行，这个时候他们就会去找老师帮忙，当在所有的事情都得到解决以后，他们会发现，自己可能在对辅导员进行管理的过程中也曾经不听从管理，给相关的管理人员带来了很大的麻烦，自己就会有所意识，同时，当身边有同学处在同样的情景下的时候，就会对其有所建议，并告诉他这样做的危害，防止类似的事再次发生。

切实地赋予学生以参与权可以弱化学生对民办高校管理者的离心力和疏远感，培养学生充分关注和主动参与民办高校事务管理的良好习惯，塑造出对公共管理事务感觉更敏锐、兴趣更强烈并具有实际参与能力的现代公民，进而使学生在个体素质良好发展的基础上获得不断进步的源泉。“学生可以在学校管理事务的实际参与中获得自我教育和自我提升。”“民办高校作为培养高素质创新型人才的基地，其规范化的民主管理，深厚的校园民主氛围，对学生现代公民素质的养成是至关重要的。”

事实上，放眼当今世界，学生参与民办高校事务的决策和管理已成为现代欧美大学内部管理的重要原则与制度。现代大学的管理者们已经充分地认识到学生参与学校管理不只是尊重学生权利和使管理过程更加民主有效的问题，更是一个教育学生或通过学生自我教育而成为合格公民的问题。“如果学生在大学里没有作为校园公民参与学校管理，在四年大学毕业后，他们仍将作为一个不合格的社会成员‘孤立于公民生活之外’”。因此，学生参与民办高校管理既是民办高校民主办学的基本要求，也是培养学生的现代公民素质、造就现代社会合格人才的有效方法。

（二）促使学生形成认同管理决定的心理基础，提升民办高校管理权的运作效率

如果学生在对自身利益有着直接或间接影响的学校管理决定的形成中不能向管理者提出自己的意见和主张，不能与管理者展开有意义的交流和沟通，就会产生强烈的不公正感，这种感觉源于他的权利主体地位被管理者所忽视，其人格尊严遭到了贬损。

传统的“民办高校做出决定、学生遵照执行”的教育管理模式之所以在现实中不断受到挑战，深层原因在于管理决定的做出缺乏基于学生立场的意见参与，不能很好地形成学生对管理决定的心理认同。确立民办高校管理中学生参与权的积极意义在于，通过学生参与管理过程并影响管理决定的做出，学生便拥有了一定的决定与己相关的事务的能力，其人格尊严和自主意志得到了应有的承认和尊重，这有利于满足学生对公正感的需求。促使学生形成认同管理决定的心理基础。

除了上述我们所说的之外，“学生参与民办高校管理是解决‘价值差异’问题的有效方法”。因为在民主的参与过程中，不同的主张和意见可以得到充分表达，各种利益要求能够得到综合考虑与平衡，不满因广泛的参与而得到消除，争执与冲突通过心平气和的对话得以化解，这就极大地减少了学生对管理决定的事后怀疑与抗议的危险性，尽可能地避免民办高校与学生之间因不当管理而可能引发的争讼，增强了学生对管理决定的公正合理性的信心，提升了民办高校管理权运作的效率。

（三）彰显民办高校管理的民主性

民办高校管理的民主性。主要在于扩大公众的参与程度。学生的有效参与是实现民办高校民主管理、构建管理者与学生之间的良性互动关系、确立学生在民办高校管理中主体地位的必由之路。因为学生只有参与民办高校事务的决策和管理，与管理者平等地进行沟通和交流，才能充分表达自己的利益要求，使自己的意愿被管理者所知悉，并清晰地把握管理者的意图与目的，对管理行为的实施进行有效的监督，敦促管理者合法正当地行使管理权。因而学生参与管理有助于民主化的民办高校管理模式的确立，使民办高校与学生之间的教育管理关系真正具有双方性与互动性，同时又意味着管理过程的开放性与服务性，管理决定形成的非武断性与协商性，管理目的和手段的统一性与正当性，彰显民办高校管理的民主性。

四、民办高校学生管理的信赖保护

强调民办高校学生管理要遵循信赖保护原则有特殊的原因和意义：一方面，大学生涉世不深，长期受到正面的学院式教育，其对所在民办高校的信赖甚至依赖程度较其他行政相对人对行政主体的信赖更深；从另一方面来说，大学生的经济和精神承受能力与其他成年人相比较弱，民办高校对其合法信赖利益的保护程度，不仅严重影响学生本人对民办高校这一授权行政组织的认识，而且还将直接影响他对其他行政主体的评价。

民办高校管理者应当充分认识到民办高校作为法律法规授权的行政组织，其对行政信赖保护原则遵行的重要性，进而在民办高校学生管理的各项具体工作中自觉践行这一原则。具体地说，信赖保护原则对民办高校学生管理权的行使有如下的基本要求。

（1）民办高校学生管理行为的撤销必须受到限制。“信赖保护原则固然在许多公法领域都有适用的余地，但与行政处分的撤销最具直接关系”。从依法行政的角度讲，民办高校管理者如果做出了违法的管理行为，有权机关应当依其职权经正当程序撤销该违法的管理行为。但是，基于信赖保护原则，“是否撤销违法的行政处分，应衡量行政合法性的公共利益与人民信赖该行政处分的信赖利益，而非一意维护合法性”。

具体地说，在一般情况下，对民办高校管理者做出的违法的、不利于学生的管理行为，有权机关可随时依法撤销。因为在一般情况下，撤销不利的管理行为通常不发生相对人既得利益或信赖利益的保护问题。但必须注意的是，即使在这种情况下，信赖保护原则也会发生其独特的作用。例如，当民办高校管理者撤销违法的、不利于学生的管理行为，而代之以另一个对管理相对人学生更为不利的具体管理行为时，信赖保护原则仍然是民办高校管理者应考虑并遵守的重要原则。

（2）民办高校管理者原则上不得制定对学生具有溯及力的学生管理规则。管理者做出的抽象行政行为即学生管理规则，其效力不得适用于施行前已经终结的事实，也不得限制或者损害学生已经依法取得的利益。这是法治国家中法的安定性的必然要求。只有这样，才能保障学生的合法权益，维护民办高校学生管理规章制度的尊严，维护民办高校的公信力。

（3）民办高校管理者之间相互信任和忠诚，同时本着诚实信用的精神，以诚实信用的方法做出管理行为。为了确保学生管理行为的明确性、连续性和稳定性，树立和保护学生对管理者及其管理行为的真诚信赖，管理者必须本着诚实信用的精神，以诚实信用的方法做出管理行为。例如，管理者在做出行政行为时不得以虚假的表示误导学生，如果不是可归责于相对人学生明知或应知的情形，管理者在做出管理行为后，造成相对人损害的，相对人就可依据信赖保护原则要求行政主体给以利益保护。

五、民办高校学生管理的权责统一

民办高校作为法律法规授权的行政组织，在行使各项行政管理职权包括学生管理权时，应当确立责任行政的理念，自觉遵行权责统一的原则。

（一）建立和完善有效的监督机制

众所周知，失去监督的权力必然走向腐败。因此，民办高校应当对学生管理者运用权力和履行职责的真实情况建立起一整套有效的监督机制和信息反馈制度，及时和全面地掌握学生管理者在任职期间的实际情况和工作成效，随时对学生管理工作进行检查指导和做出评价。

（二）追究民办高校学生管理责任的标准应是客观的、制度化的

行政责任的标准是行政权力运用的边界，没有明确无误的责任指标，追究权力的不作为或滥用就可能因为随意性而流产。从根本上改变民办高校行政责任层层都有但人人却无责任的现象，就必须使与责任相关的各个要素量化出来。

（三）民办高校学生管理者所拥有的管理权应与其所承担的责任相对应

管理者既不能只拥有权力而不承担其责任，也不能只承担责任而无相

应的管理职权。民办高校管理者必须对其行使公共权力的行为承担相应责任，任何管理者的管理活动都应当具有可问责性，被剥夺利益或未能从学生管理行为中获益的相对人，都应有权要求管理者说明理由，作为重大侵益性管理行为相对人的学生还可以将其请求诉诸法院，以及时、充分地获得自身合法权利的有效救济。同时，民办高校管理者必须积极主动地行使法律赋予的权力，以实现民办高校学生管理预期应达成的目的，擅自放弃职责、能够履行而没有履行或不及时履行职责都将构成违法。

第二节　民办高等学校学生管理法制化的依据

一、政策依据

依法治国方略的确立为民办高校依法治校、实现学生管理法治化提供了政策依据，学生管理法治化是学校贯彻依法治国方略的具体体现。《中共中央国务院关于教育改革全面推进素质教育的决定》指出：“全面推进素质教育，根本上靠法治、靠制度保障。”因此，依法治校既是我国依法治国方略的重要组成部分，也是我国教育改革和发展的必由之路。“依法治国”包括了依法治校的内容，规定了我国依法治校的基本内涵和发展方向，是依法治国方针在教育工作中的具体体现。依法治国与依法治校的方略对民办高校学生管理提出了法治化的客观要求，要求民办高校学生的教育管理工作应当以实体性和程序性的相关教育法律法规与规章制度为依据，尊重和保护作为社会主体的学生的合法权利，恰当地行使教育管理行政权，而这正是民办高校管理适应法治社会而走向现代化的一个标志。

事实上，作为在社会上极具示范效应的教育系统，理应走在落实依法治国方略的前列，把教育管理和办学活动纳入法制轨道，实行依法治教与依法治校。这是深化教育改革，推动教育发展的重要内容，也是完成新时期教育工作历史使命的重要保障。1995 年 3 月 18 日，八届全国人大三次会议审议通过了《中华人民共和国教育法》，教育法的颁布和实施，标志着我国的教育工作开始进入一个全面依法治教的新时期。而依法治校、依法管理学生作为依法治教的重要组成部分，将成为 21 世纪学校管理的必然选择。

依法治国不仅对民办高校学生管理法治化提出了客观要求，而且也为民办高校学生管理合法化的施行创造了必要的外部条件。在法治国家里，法律制度的健全是第一要素。我国在进行社会主义法治国家的建设进程中，必将不断完善社会主义法律制度体系，有关民办高校学生管理方面的法律法规也将进一步得到健全，这就为民办高校学生管理法治化的施行奠定了法律制度的基础。依法治国还为民办高校学生管理法治化提供法律意识的支持，因为法治国家里法律是公民权利的保证书，是限制公共组织滥用权力的武器，随着我国法治国家建设的不断推进，这种法律意识会越来越深入人心，这就为民办高校学生管理法治化奠定了浓厚的法律文化基础和积极的法治精神基础。

社会主义法治国家的建立，不仅需要有完备的法律体系，更需要全体公民具有良好的法律意识和法律素质，使国家和社会生活的各个方面实现有法可依、有法必依、执法必严和违法必究。民办高校大学生是社会知识群体中的一部分，他们的行为对社会具有较强的示范和影响作用。尤其是在当前高等教育大众化的历史背景下，民办高校作为培养未来社会主义建设者和接班人的摇篮，培养具有法治意识的一代新人更是民办高校应尽义务。实现民办高校学生管理工作的法治化，有利于广大学生养成知法、用法、护法的良好习惯，同时，又能使学生明确自己享有的权利和应当履行的义务，这些对于推进民办高校乃至于全社会的法治化进程有着积极的作用。因此，践行民办高校学生管理的法治化，对提高公民素质，提高全社会的法治意识，进而建设社会主义法治国家有着十分重要的意义。

二、现实依据

民办高校的管理方式的变化以及扩大招生的需求等等变化为民办高校的学生管理工作带来了挑战，同时也为民办高校管理工作提供了现实依据。

（一）内部管理制度的改革

学分制和弹性学制的实施使学生管理打破了原有的学年制整齐划一的管理模式，学生专业班级观念淡化，同时，学生管理除了进行学习、生活、行为管理外，还需在学生的成才设计、构造合理的学科知识结构、自主选择性学习等方面有所作为。高校后勤社会化使得对学生的生活管理更加复杂，学生与学校之间的矛盾也更加突出，所有这些都对学生管理工作提出了新的要求。在此，以学分制和弹性学制为例，说明高校内部管理制度的改革对学生管理工作提出的新要求。

这里我们所说的学分制是“衡量某一教学过程(通常为一门课程)对完成学位要求的贡献份额的一种管理方法”，是一种以学分计算学生学习量的教学管理制度。

而弹性学制是“在不改变各级各类学校的性质、任务的基础上，对入学条件、修业年限允许有一定的伸缩性的一种学制”，是一种按学生能力编班、分组、升留级机动的教学制度。

随着学分制和弹性学制的逐步试行，高校的学生管理工作如何跟上改革的步伐，尽快适应这种新型的教学管理制度，从而进一步推进高校素质教育的实施，已成为高校学生管理的一项重要任务。为此，高校学生管理工作必须努力实现如下转变，具体如图 7-2-1 所示。

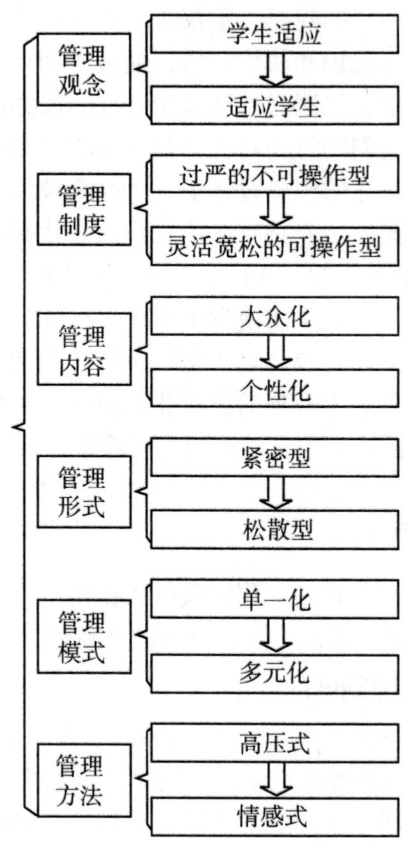

图 7-2-1　转变的内容

如上述我们所出示的图中那样，其中每一项目的箭头上方都是转型之前的类型，箭头的下方是转型之后的类型，这对于我们的工作来说可以说是一种非常大的进步。

（二）扩大招生管理工作

1. 生源质量对学生工作的挑战

从学生工作的整体性看，若生源质量较高，则学生的教育与管理工作不但可收到事半功倍的效果，而且对学生工作的整体也将起到促进和提高的作用。但随着全国各民办高校的陆续扩招，民办高校的准入门槛必然会降低，从而引起了生源质量的下降，同时也预示着原有传统模式的学生工作体制迫切需要改进，否则将导致学生管理工作成效的大幅度降低。高等教育是面对特定人群的一项长期工作，并承担着培养人才、提供科研成果和服务社会的三大基本功能。

在人才培养方面，就是要培养高素质的毕业生和负责任的公民，他们要能够融合于人类活动的各个领域，并担负起作为人类文明与进步的主要促进力量的作用。因而，民办高校扩招必须杜绝用人数换质量的弊端，要切实保证人才培养的质量。人才培养是学生管理工作中必不可少的重要环节，面对生源质量的降低和社会对高素质人才需求之间的矛盾，学生管理工作面临新的挑战。

2. 校内学生宿舍资源不足，学生分散式居住对学生管理工作的挑战

民办高校扩招后，由于学生人数的增加，校内原有学生宿舍资源相对匮乏，必然造成学生的分散式居住。这给传统的学生管理方式即学生集中教育和管理、集中组织班级活动及校园文化活动、集中开展党团组织生活等增加了困难，尤其是对保障学生学习生活安全带来了新的挑战。

3. 贫困学生人数相应增加对学生管理工作的挑战

民办高校扩招后，随着学生人数的增多，家庭困难的学生人数也逐年增加。贫困生交不起学费，甚至连基本的生活都不能保证，严重影响了正常的学习。在各种助学措施如国家助学贷款、学生勤工俭学等还未完善的情况下，如何保证学生不因为经济困难而辍学，千方百计创造各种条件使他们顺利完成学业，成为民办高校学生管理工作的重要内容。

4. 毕业生人数的大量增加对学生管理工作的挑战

扩招后随着民办高校毕业生人数的增加，人才市场竞争也日趋激烈，毕业生的就业压力日益加大。就业问题不仅是经济问题，也是一个敏感的政治问题和社会问题，大学毕业生的就业问题尤其重要。在毕业生人数增加、就业形势紧张、就业竞争激烈的情况下，抓好毕业生就业工作，努力提高就业率是就业指导工作部门所要担负的一项艰巨的任务，也是保证学校发展和稳定的重要工作。

民办高校扩招使得民办高校学生管理工作的难度与日俱增。民办高校扩招以后，一方面，学校的教学、管理、后勤等资源全面紧张，各种矛盾错综复杂，另一方面，由此而来的大学生整体素质相对下降和生源多样化也使学生管理工作更趋复杂化。另外，市场经济的发展带来各种社会问题的折射，民办高校中的贫困生问题、学生心理问题、就业难问题等都使学生管理的压力不断增加。

5. 学生心理问题更为复杂和多样化对学生管理工作的挑战

随着独生子女作为适龄大学生人数的不断增多、教育收费的普及化以及民办高校扩招带来就业压力的加大，大学生生活适应等问题日渐突出，校园极端事件屡见不鲜。当今大学生的共同心理特点是：聪明好学、注重个人发展，但在处理个人与集体、社会的关系方面能力又相对较弱。

在独立面对学业、就业、学费等压力，以及人际关系、爱情等成长的烦恼与困惑时，容易角色错位，特别是一些家庭贫困的学生往往因此变得孤僻，产生不如意、不幸福感和自卑感。因此，如何应对扩招后学生心理问题的特点并提出相应的解决策略，也是民办高校学生管理工作中的内容之一。

三、背景依据

（一）和谐社会的需要

改革开放 20 多年之后，中国的社会发展取得了举世瞩目的成就。但在改革开放和现代化事业进一步向前发展的时候，一些新的社会矛盾和问题凸现出来，并且已经开始影响到经济发展和社会稳定。高等院校作为社会有机体的组成部分，是知识文化创新的重要发源地和优秀文化的辐射源，是创建和谐社会的战略支撑，在建设社会主义和谐社会的进程中发挥着特殊的积极作用。同时，构建和谐的民办高校校园环境是激发民办高校活力、落实科学发展观的本质要求，是实现民办高校发展战略目标的重要前提和必由之路。因此，加强民办高校的自身建设，不断提升构建和谐校园的能力，精心打造教育管理者与学生之间互相尊重融洽相处、学生自由全面发展、校园环境民主宽和、民办高校内部各系统之间协调运行的和谐校园，也随之成为一个民办高校在未来发展过程中必须深入思考并予以积极实践的重要课题。

民办高校应当如何在积极创建“和谐社会”的大背景下努力构建“和谐校园”呢？我们认为和谐社会作为人类自古以来孜孜以求的一种理想社

会形态，只有当人类进入法治时代，通过建立一整套能够对各种错综复杂的社会关系加以全面有效调整的法律机制之时才可能真正实现。有学者认为，“能不能在民主法治的道路上持续获得进步是中国有没有可能最终建立起‘和谐社会’的重要指标”。

和谐民办高校的创建亦是如此。尤其是近年来，随着高等教育法治化进程的不断迈进与社会主体法律意识的日渐增强，大学生因学位授予、违纪处分、学籍管理、学费收取等原因起诉学校的法律纠纷案件频频发生且呈现出迅速上升的趋势。这一现象的出现有力地推进了民办高校与教育行政部门对实现依法治校、规范教育管理关系与教育法律秩序、构建和谐法治校园的积极探索，也使人们日益清晰地认识到推进民办高校学生管理的法治化，建立和完善民办高校学生管理的法律规范与规章制度，依实体与程序法的相关规定施行民办高校学生管理，克服学生管理过程中的人治化与随意性的倾向，切实维护学生的各项合法权利，是保证民办高校稳定发展、实现社会和谐的必然要求。

（二）市场经济社会要求

随着我国社会主义市场经济体制的建立与完善，高等教育逐步走向经济社会发展的前台。社会主义市场经济的本质，决定它必然是法治经济，市场主体的活动、市场秩序的维系、国家对市场的宏观调控、对外开放的坚持与完善、以公有制经济为主体多种经济成分共同发展的基本经济制度的巩固和完善、按劳分配为主体的多种分配方式的有效运作、市场对资源配置基础性作用的发挥等等，都需要法律的规范、引导、制约和保障，这是完备市场经济体系形成的最基本的条件之一。

在社会主义市场经济条件下，我国教育领域中的社会关系发生了重大变化。计划经济体制下的支配与服从的纵向型关系必将为市场经济体制下的平等主体之间横向型的关系所取代。这就要求教育管理应从主要依靠政策和行政命令转变到主要依靠法律来规范，在民办高校教育管理过程中即体现为依法规范民办高校与学生之间的教育关系以及派生的学生管理关系。高等学校作为市场经济的主体之一，它的运作如学生管理工作的开展与实施理应顺应市场经济的要求，唯其如此，民办高校学生管理工作才能经受住挑战，融入到市场经济中去，实现与市场经济管理规则的有机契合。

从另一方面来说，随着我国社会主义市场经济体制的建立与完善，市场经济的自主、平等、竞争、法制等精神对民办高校学生的基础性理念的影响不断深化。与此同时，随着教育成本分担机制的实施，民办高校与学生之间由过去单纯的管理与被管理关系演变为行政与民事法律关系同时并存的新型关系。大学生的自主意识、法律意识、维权意识不断增强，在日常学习生活中，他们对民办高校组织、管理部门的教育管理行为是否合法规范，教育管理者的工作态度与作风是否彰显民主、平等等表现出相当大的兴趣并给予高度的关注，这就对民办高校学生管理的法治化提出了迫切的要求。

四、环境依据

教育行政执法工作的不断推进为高校学生管理法治化建设创设了有利的环境，教育行政执法是实现教育立法宗旨，发挥教育法作用的关键环节之一。教育行政执法状况如何，直接关系到教育法律法规的实施效果，甚至影响教育法律法规的尊严和权威。从这一意义上来说，教育行政执法是推进依法治教的关键因素。没有教育行政执法，依法治教也就失去最主要的支柱。

具体来说，教育行政执法在依法治教管理模式中发挥了以下功能。

（一）提高教育法律关系主体守法的自觉性

教育行政执法通过对违反教育法的行为予以行政制裁，保护公民、法人及其他社会组织的合法权益，对人们自觉遵守法律起到引导、教育作用。更为重要的是，政府机关通过依法管理教育事务，自觉严格依法办事，会给社会起到表率和示范作用。人们会从政府严格执法行为中看到教育法律法规及规章的权威性和严肃性，增强教育法律意识，提高遵守教育法的自觉性。因此，政府机关能否依法行政，严格执法，直接关系到教育法的实施，关系到全社会对教育法的认识程度和自觉遵守程度。

随着依法治教的全面推进和教育法制建设的不断加强，我国的教育行政执法工作也逐步得到了发展，特别是《教育行政处罚暂行实施办法》颁布后，教育行政执法工作以行政处罚为突破口渐渐开展起来。目前，以行政处罚、行政许可等为主要方式的教育行政执法工作已经全面展开。

（二）有利于促使政府职能的转变，提高行政效率

教育行政执法是在教育法规定的范围内进行管理决策，依照法律规定执行决策，不因执法人的改变而改变，不因执法人看法和注意力的改变而改变，保证教育行政管理的统一性、连续性和稳定性，促进行政机关从直接管理教育事务到间接管理教育事务的职能转变。同时，严格按法律规定

的程序办事，遵守法定操作规则，将大大提高行政效率。

（三）确保国家教育意志的实现

保障教育法律法规及规章的实施，确保国家教育意志的实现。教育立法解决了有法可依的问题，但如果教育法颁布以后不能很好地实施，教育立法也就失去了其应有的价值与意义。

五、法律依据

我国教育法律法规以制定机关和法律效力的等级不同可划分为宪法、教育基本法、单行教育法、教育行政法规、地方教育法规与教育行政规章，形成了较为完整系统的立法体系。

（一）宪法

国家举办各种学校，普及初等义务教育，发展中等教育、职业教育和高等教育，并且，发展学前教育。国家发展各种教育设施，扫除文盲，对农民、国家工作人员和其他劳动者进行政治、文化、科学、技术、业务的教育，鼓励自学成才。国家鼓励集体经济组织、国家企业事业组织和其他社会力量依照法律规定举办各种教育事业。宪法的这一关于发展我国教育事业的规定是教育法规的最高表现形式，是我国教育立法的根本依据。

（二）教育行政规章

教育行政规章是我国教育法体系的第五个层次，是根据宪法、教育法律和教育行政法规的授权，由国务院所属各部委和地方政府制定的规范性文件。如教育部颁布的《普通高等学校学生管理规定》《高等学校校园秩序管理若干规定》等部门规章。

（三）地方教育法规

地方教育法规是指根据宪法、法律和行政法规的授权，由地方权力机关根据其行政区域的实际需要而制定的、只在其地方行政区域内适用的规范性文件，是我国教育法体系的第四个层次，如《安徽省实施(中华人民共和国教师法 > 办法》《陕西省民办教育促进条例》《辽宁省实施 < 中华人民共和国职业教育法 > 办法》等等。

（四）教育基本法

教育基本法是依据宪法由国家最高权力机关全国人大制定并颁布实施的，规定我国教育的基本性质、地位、任务等内容的，协调教育部门内部以及教育部门与其他社会部门相互关系的基本法律准则。第八届全国人大三次会议审议通过的《中华人民共和国教育法》是我国的教育基本法，它是我国教育法体系的第一个层次，是“教育的宪法”，是制定教育部门其他法律法规的基本依据。1995 年《教育法》正式施行，这部法律第一次以国家法律的形式认可了《中华人民共和国学位条例》这一单行教育法和《普通高校学生管理规定》这一教育行政规章，提高了民办高校学生管理准据法的效力等级，为民办高校学生管理法治化的发展指明了方向。

经过几十年的不懈努力，我国有关教育的法律规范已经超过 100 余部，形成了以宪法所确定的基本原则为依据、以相当于“教育宪法”的教育基本法——《教育法》为基础的有中国特色的教育法律体系。正是这些教育法律规范，成为我国民办高校学生管理法治化的基本依据。我国民办高校学生管理法治化建设正是在这些教育法律规范的基础上逐渐发展起来。

第三节　民办高等学校学生管理法制化的实现途径

要想实现民办高等学校学生管理法制化，重中之重就是树立以学生为本的管理理念，而在这个过程中要遵循一定的要求，这样才能达到我们想要的效果。

把“以人为本”的理念具体落实到民办高校学生管理工作中就是“以学生为本”，“以学生为本”即要求民办高校的学生管理必须以尊重和保护学生权益为核心，努力创造有利于学生发展的环境。在我国教育法治建设不断推进的历史进程中，衡量与评判民办高校学生管理工作成败的标准，已不仅仅是教育管理效率的高低，更为重要的，是要看学生管理工作是否切实地践行了学生本位观，自觉地维护和保障了学生的各项合法权利。

民办高校学生管理必须高扬教育的科学精神和人文精神，树立法治精神和维权意识，充分体现对学生的尊重与关怀，从而在民办高校学生管理中逐步营造尊重权利的浓厚法治氛围，这将有利于学生自由、民主、平等精神的塑造，有利于学生个性的培育，有利于教育目标的实现。

民办高校管理者践行以学生为本的管理理念，就应当着眼于新形势下民办高校学生管理工作面临的新问题，从学生现实需要出发，改变传统的学生管理工作中作为管理者的民办高校与作为被管理者学生的对立化状态，积极实现角色转变，强化学生管理工作中的服务意识以体现学生的主体地位，使学生积极参与学校管理工作以充分发挥学生的主体能动性。

一、发挥学生的主观能动性

民办高校管理者践行以学生为本的管理理念，做好学生管理工作，就应当在工作中努力调动学生自身参与管理的积极性，让学生积极参与学校管理工作，改变学生在传统民办高校管理过程中的从属性和被动性地位。民办高校管理者不应再把学生视为教育管理的纯粹客体，而是把学生界定为能够进行自我教育管理和参与学校管理的积极主体，强调和注重发挥学生的主体能动性。

当前我国的民办高校学生管理过程中，如何保障学生参与权的实现是相关理论研究者和民办高校管理者必须深入思考并予以积极实践的重要课题。我们既应当借鉴现代西方国家民办高校民主管理的有益经验，又需要结合当前我国民办高校学生管理的现实状况，为学生参与民办高校管理创造有利的条件。

（一）明确在学生参与管理中存在的问题

要实现学生有效参与民办高校管理，就需要管理者正视当前学生参与管理过程中客观存在的一些问题，明晰和落实学生参与民办高校管理的若干保障因素。

1. 参与力度不够

学生参与民办高校管理的内容大多集中在与学生个体日常生活息息相关的衣食住行、学习娱乐、发展成才、择业创业等方面，但学校在发展目标的规划、学校定位的选择、人事任命的变更、改革发展的决策等方面对学生开放的力度不强，在上述问题上一般缺乏学生的有效参与。

2. 参与效度不够

学生参与民办高校管理形式化、表面化倾向较为严重。当前，全国范围内民办高校都注重开展形式多样的鼓励大学生参与学校管理和自我管理的活动，但参与效度到底有多高？学生的意见、建议、要求对领导者和管理者决策的影响力到底有多大？在决策评价中的分量到底有多重？被采纳吸取、贯彻实施的到底有多少？虽各校情况互有差异，但总体上都还不高。

3. 参与深度不够

当前，学生参与民办高校管理的途径和方法，往往集中在决策初始阶段，通过座谈、征文、校园网、校务公开栏、校长信箱、校长接待日等渠道，广泛征集大学生的意见、建议和要求，这对于保证学校决策信息的准确性起了非常大的作用。但在进一步研究信息、拟订方案、筛选评价、比较择优及组织实施、追踪反馈过程中。大学生参与程度普遍不高，影响了学生参与民办高校管理在最终决策意义上的作用发挥。

4. 参与度不强

民办高校一般都缺乏关于学生应当如何参与学校管理的程序性规定及保障机制。学生在参与管理中，从众心理较强，一窝蜂现象比较普遍，常常是七嘴八舌，意见分散，目标不一，有的问题虽经长时间的讨论和争议也不能得出一个明确的让校方和学生都满意的结论。特别是涉及关键性问题时，往往缺乏有组织、有领导、有目的、有秩序、高质量、实质性的管理参与。

（二）加强学生参与管理组织建设

要有效实现民办高校管理中的学生参与，推进民办高校管理民主化进程，需要创建一个系统化的、有利于学生参与管理的组织体系，通过加强组织机构建设与制度建设保障学生切实参与民办高校管理。借鉴西方发达国家的一些有益经验，结合我国高等学校的管理实际，我们认为学生参与民办高校管理的民主机构可以体现为两个层次：一是民办高校的正式组织机构或常设机构，二是民办高校结合实际设立的非正式组织或非常设机构。

为了使学生民主参与民办高校管理得到组织与制度的相应保障，民办高校需要进一步完善民主参与的正式机构，如设立各种参与民办高校管理的委员会并吸纳一定比例的学生成员参加。这些学生成员一般由学生民主推荐组成，代表广大学生群体的利益，学生通过在委员会中的一定席位行使其参与民办高校管理的权利，并得到相应的法律法规和规章制度的有力保障。当然，若要使学生通过委员会制有效参与民办高校管理，还需要在各种委员会机构的组织章程中明确规范学生成员参与的人数比例、参与权限、参与方式等。

借鉴国外民办高校管理的一些有益经验，我们认为保障学生参与民办高校管理的委员会机构主要包括：学校委员会、教师委员会、学生委员会、班级委员会、家长委员会等。

除此之外，还有一些非正式组织机构或参与渠道，这些机构或渠道对学生参与民办高校管理也有不可忽视的作用，主要包括：学生代表大会(学生座谈会)、校长信箱、校长接待日、学校意见箱、广播站、校报、学生事务仲裁委员会、学生记者团、听证会等，这里尤其需要强调指出的是民办高校运用现代信息技术创建的“学校管理网络”，是学生参与民办高校民主管理的新平台。学校管理网络是运用现代信息网络技术及辅助设施搭建的一个学生参与民办高校管理的新平台，可以包括 BBS 学生论坛、学生网上评教系统、电子邮箱系统、合理化建议栏目等多种形式。学校管理网络可以加速学校与学生之间的信息传递，并为普通学生参与学校管理提供了可能，是实现管理者与学生之间无障碍的沟通交流，构建管理双方平等互动关系的新渠道。

（三）转变管理理念

在传统的民办高校管理中，校方与学生是管理者和被管理者、主体和客体的关系。学校管理过程是一种从上而下、由管理者到被管理者的单向的、垂直的、封闭的过程，学校管理仅仅被看作学校领导和老师的事，学生则被排斥于学校管理之外。在许多和学生切身利益有关的问题上，管理者具有绝对性的权威，在参与民办高校管理和监督民办高校管理活动方面，学生则没有任何实质性的权力。显然，传统的民办高校管理体制没有认识到教育的基本出发点和重心是学生，也没有认识到民办高校教育管理的终极目标是促进学生的全面自由发展。

随着教育民主化进程的不断加快和社会经济的不断发展，民办高校教育管理所面临的环境越来越复杂且多变。有效的学校管理不是仅仅依靠上级行政或学校的管理者便能做到的，必须借助学校所有成员的心智贡献。学校的愿景或长期规划绝不仅仅是管理者的任务，也不仅仅是依赖学校领导所具有的“社会视野”和“时代精神”及其对学校的发展所做出的有效管理决策，而是强调组织成员的“集思广益”，共同分享愿景，并以此凝聚组织成员，激发起他们为达到组织目标而努力的激情和责任感。

要顺利实现管理观念或管理模式的转变，为学生有效参与民办高校管理创造有利的环境，就需要进一步深化教育管理体制改革，落实民办高校的办学自主权，也就是说让民办高校对自身事务有足够的裁量权，不受政府和教育行政主管部门过多的干预，亦即是要从传统的“以主管教育管理机关为中心的管理”走向“以学校为中心的管理”，这也是未来世界重要的发展趋势。

就民办高校自身而言，为学生参与民办高校管理提供环境支持主要表现为转变民办高校学生管理模式，改善学生参与环境，激发学生参与热情。民办高校学生管理工作宜推行以学生工作处为指导的，以辅导员、班主任为调节的，以学生自治为中心的相对权力中心的学生管理模式。在这种模式下，学生本身既是管理者，又是被管理者，学生在这种角色转换中能大大提高其自我管理的积极性。特别是能有效地增强其自我约束、自我管制的能力，在学习掌握知识的同时又锻炼增强了能力，既“学到了知识”，又“学会了做人”，学生的主体意识和责任感也能够获得明显的提升。除了转变民办高校学生管理模式之外，民办高校管理者还应改善学生的校内参与环境，激发学生的参与热情。

民办高校所有管理规则和规范条例的制订都必须体现以人为本、以学生为本之精神，为其发展创造一切可能的条件和空间，把学生的全面发展作为民办高校管理的根本目标和终极价值追求，使学生个体的成长发展与民办高校、社会的进步发展和谐地统一起来。

二、尊重学生的主体地位，强化服务意识

在民办高校学生管理的传统模式中，管理者居于主体地位，管理者根据国家的计划或者其对社会要求的理解和判断，设定相应的管理目标，通过管理手段(一系列的规章制度和工作规范)把学生塑造成基本相似的、均衡化的目标载体，从而实现对目标的培养。在传统模式中，学生处于从属的、被动的地位。

而在以学生为本位的现代管理模式中，学生是主体，学生根据社会对人才的需求，从自身的实际出发，主动设计了自己的成才目标，而且，学生要求学校管理者依据社会对人才的客观要求，围绕学生的成才提供管理、服务，以及个性发展方面所必需的扶持。以学生为本位的管理理念强调管理者通过必要的、有效的教育和管理，保持良好的学生学习和生活环境，优化学生个体发展的条件，激发学生的学习热情，并为学生的禀赋和潜能的充分开发提供各种支持。

以学生为本位的管理理念强调民办高校管理者在管理学生的同时，更应注重管理者为学生所提供的服务，在这种双向互动的作用关系中，管理者与学生处于相互平等的层面上，服务者应被服务者的需要而提供相应的服务，所有的管理、服务工作都因学生主体的改变而改变，因学生个体差异的变化而变化，学生管理过程成为一个管理权动态运行和学生权利有效保障的过程。

以学生为本位的管理理念要求管理者在行使管理职权的同时，必须强化对学生的服务意识，强调管理与服务并重。事实上，在学生本位观的管理理念下，民办高校学生管理者具有多重角色，他们既是学校管理任务的实施者，又是学生的服务者，管理和服务相互糅合、相互渗透，管理过程

和服务过程相互结合、相互统一，管理中包含了服务，服务中蕴含了管理。

以学生为本位的管理理念要求民办高校管理者在实施学生管理和服务的过程中，必须重视学生的个性，要把发展学生的个性、培养学生的创新精神放在十分突出的位置。因为创新是一个民族进步的灵魂，是一个国家兴旺发达的不竭动力。民办高校学生管理以学生为本位，就是要在强调学生全面发展的同时重视发展学生的个性，它要求民办高校学生管理应充分营造有利于学生创造性思维的培养、创造潜能的发挥的良好氛围，培养学生具有勇于探索、敢于创新的个性，进而引导学生形成创造的动力，并自觉地进行创新实践。一旦学生形成并显现了较强的创新能力，民办高校学生管理和服务的关键就是要协调关系、配置资源，为学生的这种富有个性的创新能力的发展提供必要的、坚实的甚至于超常规的支撑条件，使学生的才能得到充分的施展和淋漓尽致的发挥。

随着市场经济体制的不断完善，越来越多的民办高校学生管理职能逐渐转变为社会管理职能，因此民办高校必须及时完成学生管理功能的迁移，建立有效的学生服务体系。例如，学生宿舍管理社会化将原来属于民办高校职能部门的学生宿舍管理部门从民办高校的行政机构中分离出去，学生宿舍管理部门与住宿学生之间的关系变成了经营者与消费者之间的关系，实现了学生宿舍管理职能从民办高校向社会的转移。

参考文献

[1] 王林清，马彦周，张建和 . 高校赝额生事务管理规范与服务标准 [M]. 北京：中国文史出版社，2014.

[2] 张立刚 . 高校学生事务管理中的法律问题相关案例研究 [M] . 济南：山东大学出版社，2015.

[3] 王艳芳 . 多元视阈下的高校学生事务管理 [M] . 广州：中山大学出版社，2013.

[4] 吴惠 . 顺理举易：高校学生事务管理理论与实务 [M] . 北京：中央编译出版社，2012.

[5] 中山大学学生处 . 高校学生事务管理小言 [M] . 广州 ：中山大学出版社，2015.

[6] 林彬 . 中美学生事务管理的比较 [M] . 北京：知识产权出版社，2014.

[7] 漆小萍 . 中国高校学生事务管理 [M] . 广州：中山大学出版社，2011.

[8] 冯培 . 中国高校学生事务管理模式创新 [M] . 北京：中国人民大学出版社，2009.

[9] 段长远，赵国峰 . 高校学生事务管理工作研究 [M] . 银川：宁宣人民出版社，2008.

[10] 张晓京 . 美国高校学生事务管理 [M] . 北京中国传媒大学出版社，2010.

[11] 方巍 . 学生事务管理的流派与模式 [M] . 杭州：浙江大学出版社，2014.

[12] 褚祖旺 . 高校学生事务管理教程 [M] . 北京：科学出版社，2008.

[13] 尹晓敏 . 高等学校学生管理法制化研究 [M] . 杭州：浙江大学出版社，2008.

[14] 广东省高等学校思想政治教育研究会学生工作专业委员会 . 高校学生事务管理精品项目 [M] . 广州：中山大学出版社，2013.

[15] 冯刚，赵锋．走进英国高校学生事务管理［M］．北京：中国人民大学出版社，2008.
[16] 吴伦敦．教师专业发展导论［M］．武汉华中师范大学出版社，2005.
[17] 赵庆典．学校管理中的法律问题［J］．云南大学学报，2005（4）.
[18] 谭秀森．高校学生教育管理法律问题研究［M］．北京：人民出版社，2015.
[19] 王锟来．民办高校学生事务管理研究［M］．成都：西南财经大学出版社，2012.
[20] 陈希．双肩挑 50 年——清华大学辅导员制度五十周年回顾与展望［M］．北京：清华大学出版社，2003.
[21] 邓续周．高校学生事务组织结构的改进与创新［J］．思想理论教育，2007（3）.
[22] 方魏，耿依娜．学生事务管理组织模式比较研究．教育发展研究［J］，2008（10）.
[23] 刑国忠．美国高校学生事务管理专业化概况及启示［J］．教育发展研究，2007.（2）.
[24] 费英勤，李向晨．学分制条件下高校学生管理体制的改革与创新［J］．黑龙江高教研究，2006（57）.
[25] 蒋洪池．高校学生事务管理者的角色定位——文化的视角［J］．中国地质大学学报（社会科学版），2008（52）.
[26] 吴丽芳．当前高校学生管理工作研究综述［J］．现代企业教育，2010（14）.
[27] 邓旭周．高校学生事务组织结构的改进与创新［J］．思想理论教育，2007（05）.
[28] 云炜恒．我国大学生事务管理存在的问题及解决途径［J］．内蒙古试单大学学报，2007（03）.
[29] 朱炜．发达国家高校学生事务管理比较及其启示［J］．黑龙江高教研究，2003（06）.
[30] 刘敬敏．中美高校学生工作与学生事务的比较分析［J］．世界教育信息，2007（55）.